ASSERTIVIDADE
EM UMA SEMANA

Dena Michelli

ASSERTIVIDADE
EM UMA SEMANA

Tradução
Carlos Leite da Silva

figurati

Título original: *Successful assertiveness in a week*
Copyright © 1994, 1998, 2002, 2012 by Dena Michelli
Copyright © 2014 by Editora Figurati Ltda.
Todos os direitos reservados.

Nenhuma parte deste livro poderá ser utilizada ou reproduzida sem a prévia autorização por escrito da editora, sejam quais forem os suportes utilizados.

COORDENAÇÃO EDITORIAL: **Equipe Editora Figurati**
Isabel Xavier de Silveira

PRODUÇÃO EDITORIAL: **Desenho Editorial**

CRIAÇÃO DE CAPA: **Guilherme Xavier**

PREPARAÇÃO DE TEXTO: **Diogo Kaupatez**

REVISÃO: **Lucas Torrisi Gomediano**
Marisa Rosa Teixeira

Texto de acordo com as normas do Novo Acordo Ortográfico da Língua Portuguesa (1990), em vigor desde 1º janeiro de 2009.

DADOS INTERNACIONAIS DE CATALOGAÇÃO NA PUBLICAÇÃO (CIP)
(CÂMARA BRASILEIRA DO LIVRO, SP, BRASIL)

Michelli, Dena
Assertividade em uma semana / Dena Michelli ;
tradução Carlos Leite Silva. -- 1. ed. --
São Paulo : Figurati, 2014.
Título original: Successful assertiveness in a week.

ISBN 978-85-67871-00-4

1. Assertividade (Psicologia) 2. Comportamento organizacional 3. Sucesso nos negócios I. Título.

14-08524   CDD-650.13

Índices para catálogo sistemático:
1. Assertividade : Aprimoramento pessoal e sucesso nas relações de trabalho : Administração 650.13

figurati

Direitos cedidos para esta edição à
Editora Figurati Ltda.

Alameda Araguaia, 2.190 - Conj. 1.110
Alphaville Industrial – CEP 06455-000
Barueri – SP – Brasil
Tel.: 55 11 3699-7107
E-mail: atendimento@editorafigurati.com.br
Visite nosso site: www.editorafigurati.com.br

2014
Impresso no Brasil
Printed in Brazil

Esta obra foi editada com cuidado e de acordo com as normas gramaticais da língua portuguesa. No entanto, podem ocorrer erros de digitação, impressão ou dúvida conceitual. Em qualquer dessas hipóteses, pedimos sua colaboração a fim de esclarecermos e encaminharmos a questão. Envie um e-mail para atendimento@editorafigurati.com.br.

Sumário

Introdução 7

Domingo 8
   Preparando as bases

Segunda-feira 20
   Criando cenários vencedores

Terça-feira 36
   Lidando com o "negativo"

Quarta-feira 50
   Criando uma impressão positiva

Quinta-feira 66
   Sendo assertivo em público

Sexta-feira 84
   Linguagem corporal

Sábado 98
   Poder pessoal

Sobrevivendo em tempos difíceis 109
Conclusão 113
Respostas 115

Introdução

Muito se disse sobre o estilo assertivo de comunicação, e nem tudo foi elogio! Muitas pessoas o confundem com ser agressivo, iludir os outros até submetê-los e obter o que *você* quer, apesar do que *eles* querem. No entanto, a comunicação assertiva não é dominação: é somente uma maneira de você dizer o que quer com clareza, permitindo aos outros fazer o mesmo.

Tomar a decisão de adotar um comportamento *assertivo* marcará o começo de um novo modo de vida em que você toma suas próprias decisões e faz suas escolhas sem se sentir culpado, e em que você está no controle, e não aqueles que estão ao seu redor.

Ao trabalhar alguns passos simples, e testar as técnicas num ambiente "seguro", em breve você ficará confiante nos seus novos poderes de assertividade. Você será capaz de impor respeito aos outros, alcançar seus objetivos pessoais e profissionais e aumentar sua autoestima.

Os passos para o comportamento assertivo são:

- Entender os diferentes estilos de comunicação e o efeito que eles têm.
- Identificar seu próprio estilo de comunicação.
- Conhecer seu próprio valor *e* o valor dos outros.
- Ter metas bem claras.
- Estar preparado para aprender a partir dos seus sucessos e dos seus fracassos.
- Ser flexível e não esperar demais.
- Aprender a ouvir.

Dena Michelli

DOMINGO

Preparando as bases

Neste capítulo, descobriremos como preparar as bases para desenvolver o comportamento assertivo e aprenderemos os diferentes estilos de comunicação: passivo, passivo/agressivo, agressivo e assertivo.

Este é o começo de uma longa viagem, mas ela será feita de modo que você não se arrependa à medida que assume a condução de sua própria vida. Esse é o ponto – é você quem dirige sua vida, não os outros, nem as circunstâncias. Você pode cometer erros de tempos em tempos, mas, conforme suas capacidades de assertividade progredirem, você desenvolverá o entendimento e os recursos para se erguer, sacudir a poeira da roupa e começar tudo de novo!

Aqui, há duas tarefas principais. A primeira é identificar seu próprio estilo de comunicação:

- passivo;
- passivo/agressivo;
- agressivo;
- assertivo.

Sua segunda tarefa é conhecer seu valor:

- entender a si mesmo;
- aceitar-se da maneira como é;
- decidir mudar (*se quiser*);
- permitir-se ter êxito – *e fracassar*.

Estilos de comunicação

Para nos entendermos, e porque não nos comportamos com assertividade, temos primeiro de examinar nosso atual **padrão de comportamento**. Não permaneceremos nos nossos fracassos, simplesmente os usaremos para obter informações – e a fim de fortalecermos nossa motivação para mudar.

Note seu padrão comportamental tanto em sua vida pessoal quanto na profissional. São esses comportamentos que determinam a maneira como as pessoas lhe respondem e as consequências de tudo o que você diz.

Se você tem dificuldades para identificar esses padrões em si mesmo, peça a um amigo para ajudar. Mas lembre-se: ele lhe estará fazendo um favor, portanto, tente não ficar na defensiva.

Por exemplo, você é muito agressivo, descompromissado, rígido em suas perspectivas, intolerante ou impaciente? É sarcástico, manipulador, indiferente, arrogante ou superior? É condescendente, apologético, procrastinador, retraído ou inferior?

É interessante notar que a maioria das pessoas que querem desenvolver um comportamento assertivo se encaixa na última categoria – a da "vítima".

Qual é sua mensagem?

As pessoas sempre o tratam da maneira que você "pede" para ser tratado. Entender aquilo que você está "pedindo" é meio caminho andado. Você pode pensar que está usando linguagem assertiva, mas a forma como você transmite sua mensagem e a conduta que adota quando faz isso podem contrariar qualquer intenção de assertividade, o que comprometeria o êxito da comunicação. Tente "se sentar em seu próprio ombro" e se observar agindo. O que você está fazendo? Como as pessoas reagem a você? Está conseguindo passar sua mensagem sem ambiguidade? Ao se observar cuidadosa e honestamente, você pode identificar o que gostaria de mudar e realizar as mudanças que *farão* a diferença.

Tente não se sentir impotente nessa hora: a partir de agora, tudo é um passo positivo.

> **DICA** *Lembre-se: para a mudança, basta uma decisão.*

A maioria dos padrões de comportamento das pessoas demonstra certas características de algumas das quatro categorias anotadas acima – **passivo, passivo/agressivo, agressivo e assertivo** –, dependendo das circunstâncias da comunicação. No entanto, uma categoria muito provavelmente será predominante no seu estilo. Leia as descrições abaixo e veja qual se sustenta como verdadeira para você na maior parte do tempo.

Passivo

O comportamento passivo está habitualmente associado com o "perdedor": alguém que está sempre recuando, desistindo e sendo submisso. As desculpas imperam nesse modo de comunicação, assim como os acordos relutantes e as afirmações negativas sobre si mesmo. O comportamento passivo transmite a mensagem: "Você está bem e eu não estou bem".

Passivo/agressivo

O comportamento passivo/agressivo está geralmente associado com o "sabotador". De maneira nenhuma está exposto, não obstante a motivação agressiva ser óbvia. As características distintivas desse modo de comunicação são comentários sarcásticos, declarações com duplo significado e sinais não verbais, como olhar zombeteiramente para o alto. A mensagem subjacente é: "Eu não estou bem, você não está bem".

Agressivo

O comportamento agressivo não leva em consideração os direitos dos outros. Embora essas pessoas possam ser percebidas como aquelas que "lutam" pelo que querem ou como "vencedores" na vida, habitualmente são temidas, e seu estilo incentiva um comportamento enganador por parte dos outros, que preferem não ter de enfrentar sua raiva. A mensagem transmitida por esse tipo de pessoa é: "Eu estou bem, você não está bem".

Assertivo

A comunicação assertiva não diminui ou "rebaixa" as outras pessoas, não transgride nenhum direito humano nem se intimida diante de assuntos importantes. Em vez disso, incentiva a comunicação satisfatória, em que as necessidades de todos são supridas da melhor maneira. A característica identificadora do comportamento assertivo é o uso de afirmações com "eu". Isso indica que a pessoa que comunica está assumindo a responsabilidade pela mensagem transmitida. Por exemplo: "Eu não estou satisfeito com esta decisão, gostaria de discuti-la ainda mais". Essa forma de comunicação está baseada no respeito por si mesmo e pelos outros. Ela é motivada pela crença de que "eu estou bem, você está bem". Não há perdedores.

Qual é seu estilo de comunicação?

Se você está inseguro sobre qual é o seu estilo dominante de comportamento comunicacional, responda ao questionário a seguir. Não se preocupe se suas respostas caírem em diferentes categorias, identifique-se com a tendência mais acentuada. A mistura de respostas o ajudará a se focar nas áreas específicas de seu estilo que você possa querer mudar.

Falando de modo geral, se a maioria de suas respostas cair na categoria "Às vezes", você pode ter a tendência para ser agressivo ou passivo/agressivo. Se cair na categoria "Nunca", você certamente é passivo. Se descobrir que as suas respostas estão predominantemente na coluna "Muitas vezes", você está no caminho para ser assertivo.

Questionário de estilo de comunicação

		Às vezes	Muitas vezes	Nunca
1	Sinto que me apresento bem em todas as comunicações e sou respeitoso para com os outros.	❏	❏	❏
2	Minhas ideias são consideradas valiosas e frequentemente são adotadas.	❏	❏	❏
3	Sou capaz de dizer "não" sem me sentir culpado.	❏	❏	❏
4	Consigo apresentar queixas sem perder o controle.	❏	❏	❏
5	Sou capaz de dar conselho a alguém sem ofender.	❏	❏	❏
6	Comunico-me eficazmente com um grupo, permitindo que cada membro seja ouvido.	❏	❏	❏
7	Sou capaz de pedir ajuda.	❏	❏	❏
8	Sou capaz de satisfazer as minhas necessidades e as dos outros.	❏	❏	❏
9	Consigo controlar-me.	❏	❏	❏
10	As pessoas me acham bom para conversar em detalhes sobre ideias e problemas.	❏	❏	❏
11	Estou livre do estresse incapacitante.	❏	❏	❏
12	Estou satisfeito comigo mesmo.	❏	❏	❏

Conheça seu valor

Todos temos direitos humanos fundamentais:

- O direito de escolher.
- O direito de "ser".
- O direito de ser respeitado.
- O direito de cometer erros.

- O direito de dizer "não".
- O direito de pedir o que queremos.
- O direito de pedir o que precisamos.

Entenda seus medos

Muitas vezes, são os nossos medos que nos impedem de desenvolver o comportamento assertivo. Quais são os seus? Por exemplo, eles podem ser: "Vou perder os meus amigos", "Vou fazer papel de bobo", "Ninguém vai gostar mais de mim", "Ficarei irritante" ou "............................" (preencha com o seu medo).

Nossos medos, comumente, são muito maiores do que a realidade. Enfrente-os. Eles costumam encolher.

Aceite-se da maneira como é

É muito fácil nos rebaixarmos. Nós somos nossos piores críticos. **Essencialmente**:

- **Somos** o que é suposto sermos.
- **Estamos** onde é suposto estarmos.
- **Fazemos** o que é suposto fazermos.

Solte todos os seus desapontamentos e sentimentos de culpa – perdoe-se. Tudo o que você fez e vivenciou o trouxe a este ponto de mudança. *Tudo é um jogo.*

Decida mudar – se quiser

Ao decidir mudar seu comportamento, você pode achar útil projetar-se adiante no tempo e imaginar como seria, e se sentiria, se estivesse no controle de sua comunicação. Compare isso com a forma como se sente agora.

O poder de "imaginar" ou "visualizar" não pode ser acentuado demais. É uma ferramenta muito útil para alcançar seus objetivos, sejam quais forem.

Ao "trazer à mente" ou "desenhar no seu olho mental" seu estado desejado, você está na verdade colocando imagens em seu subconsciente que, em última instância, determinam seu comportamento. Sua mente subconsciente apenas consegue funcionar por imagens; ela não entende escalas de tempo ou condições. Imagine como você gostaria de estar e o seu subconsciente trabalhará incansavelmente para tornar isso uma realidade. Não pode falhar. Continue reforçando sem parar as imagens, usando afirmações positivas se isso ajudar (veja a segunda-feira para saber mais), e os velhos padrões em breve serão obliterados e substituídos pelos novos que você escolheu.

Velhos hábitos desaparecem com dificuldade, mas desaparecem com persistência e determinação.

DICA Se você continuar a se comportar como sempre se comportou, as pessoas continuarão a tratá-lo como sempre o trataram.

Permita-se ter êxito – e fracassar

Você está embarcando em uma viagem de transformação.

Às vezes, será bem-sucedido, outras vezes fracassará. Tente encarar essas ocorrências desapaixonadamente. Elas são meras experiências de aprendizagem. Nem sempre será fácil, mas será recompensador.

Neste ponto, você já deverá ter identificado seu estilo dominante de comunicação e concluído se está completamente satisfeito ou não para continuar nessa linha.

Se não, você pode ter avançado com um condicional "talvez" em resposta ao desejo de mudar. Isso já é suficientemente bom. Isso dirigirá sua consciência e lhe permitirá escolher como reagir em situações diferentes. Talvez haja momentos em que você queira submeter-se, por exemplo. E podem surgir momentos em que sinta a necessidade de dominar. Ser assertivo diz respeito à escolha de comunicar-se da maneira que você sente ser a mais apropriada no momento. Ser livre para variar seu estilo de comunicação à vontade faz parte de ser assertivo.

Se decidir fazer mudanças na maneira como você é percebido por seus colegas, então prossiga com entusiasmo. Há muitas coisas das quais você pode se beneficiar nos capítulos seguintes.

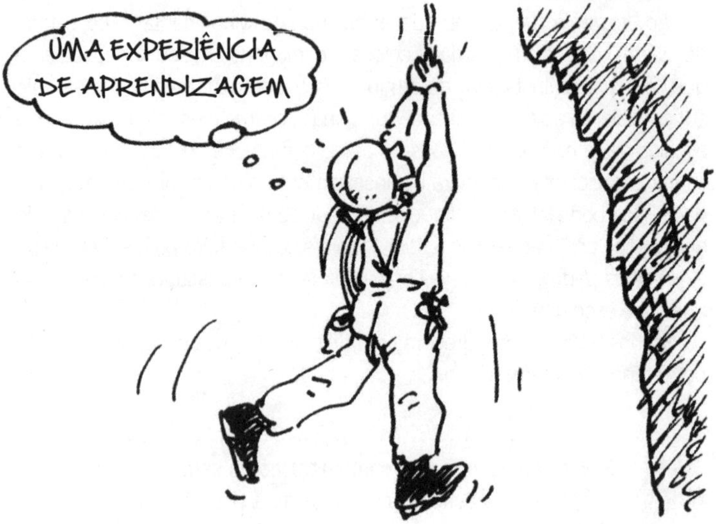
UMA EXPERIÊNCIA
DE APRENDIZAGEM

Resumo

Para recapitular, os diferentes estilos de comunicação estão amplamente divididos nas seguintes categorias:

- passivo;
- passivo/agressivo;
- assertivo;
- agressivo.

Elas podem soar como descrições pejorativas, mas de fato transmitem as motivações subjacentes da pessoa que está usando uma forma de comunicação.

Estão mais ou menos associadas com as seguintes características:

- vítima;
- manipulador;
- realizador;
- ditador.

Pense no que esses termos lhe despertam. Se tiver uma reação forte a um ou outro deles, poderá valer a pena explorar o porquê disso. É algo que considera detestável porque você sente que foge "um pouco da verdade"?

Tente objetivar a maneira como você analisa seu próprio estilo e procure evitar julgar ou criticar a si mesmo.

Perguntas (respostas no final)

Pense sobre as seguintes questões e use-as para aumentar a autoconsciência e desafiar a si mesmo.

1. **Meu estilo de comunicação dominante é...**
   a) agressivo ❑
   b) passivo/agressivo ❑
   c) passivo ❑
   d) assertivo ❑

2. **Sou capaz de ser assertivo...**
   a) quando quero ❑
   b) às vezes ❑
   c) ocasionalmente ❑
   d) nunca ❑

3. **Consigo variar entre estilos de comunicação...**
   a) quando sinto que é apropriado ❑
   b) com preparação e esforço ❑
   c) quando quero alguma coisa ❑
   d) não consigo mudar meu estilo de maneira nenhuma ❑

4. **Penso que o estilo assertivo de comunicação é...**
   a) dominador e impositivo ❑
   b) manipulador ❑
   c) altamente eficaz ❑
   d) para os medrosos ❑

5. **Acredito que as vantagens da assertividade são...**
   a) poder sempre obter o que se quer ❑
   b) estabelecer uma boa concordância ❑
   c) poder fazer os outros se sentirem como perdedores ❑
   d) não há nenhuma vantagem ❑

6. **Quando preciso apresentar uma queixa como cliente...**
   a) peço muitas desculpas por estar incomodando ❑
   b) fico zangado de maneira a disparar ousadamente a minha queixa ❑
   c) estabeleço o contexto, a preocupação e discuto uma solução ❑
   d) vou embora com o produto do qual estou me queixando ❑

7. Quando alguém me aborda e me pede conselho, eu...
a) dou-o livremente e lhe digo o que fazer ❏
b) acabo por assumir a batalha da pessoa ❏
c) incentivo-a a pensar em como vai lidar com a situação ❏
d) evito logo de início me envolver ❏

8. Há situações para as quais definitivamente o comportamento assertivo não é conveniente!
a) essa afirmação é verdadeira ❏
b) sempre há lugar para a assertividade ❏
c) estilos de comunicação são motivados por situações externas ❏
d) estilos de comunicação não dependem das situações ❏

9. Acredito que a minha personalidade dirige meu estilo de comunicação e...
a) fico preso ao o meu estilo de comunicação, que condiz com a minha personalidade ❏
b) sou "introvertido" e nunca consigo ser assertivo ❏
c) posso aprender diferentes estilos de comunicação independentemente da minha personalidade ❏
d) tenho de mudar minha personalidade antes de conseguir mudar meu estilo de comunicação ❏

10. Se pudesse desenvolver minha assertividade, eu me beneficiaria por...
a) levar as pessoas a fazer o que eu lhes digo ❏
b) estar no controle de minha própria vida ❏
c) garantir estar em situações que pedem assertividade ❏
d) não haveria nenhum benefício para mim ❏

SEGUNDA-FEIRA

Criando cenários vencedores

A criação de cenários vencedores é a pedra angular para ser assertivo e estar no comando de sua própria vida. Isso não significa que você sempre determinará como será o seu destino, mas que você terá a satisfação de se apresentar assertivamente e, assim, poderá viver contente (ou tolerante) com o resultado.

Este capítulo levará você a ficar um pouco mais perto do controle de sua própria vida – sendo assertivo da maneira que escolher. Para conseguir isso, veremos:

- linguagem "vencedora";
- afirmações positivas;
- visualização criativa;
- aumento da autoestima.

Aqueles que são adeptos do comportamento assertivo também são bem capazes de observar suas ações, dialogar com eles mesmos durante o aprendizado e testar o efeito de novos comportamentos. O autoconhecimento é a chave para assumir o controle de nossas vidas.

Se queremos ter êxito, é vital observar, questionar e pedir *feedback*.

Linguagem "vencedora"

A linguagem "vencedora" é típica do comportamento assertivo. Ela expressa mais do que meras palavras àqueles com quem você se comunica e lhes diz que você está no controle.

Aqueles que reconhecem essa qualidade em você, mesmo assim, insistirão de modo enérgico em dizer exatamente o que você está fazendo que lhes dá essa impressão. De fato, é uma combinação sutil de linguagem corporal, atitude mental e linguagem verbal.

> **DICA** Não é o que você diz que conta, é a maneira como diz.

As qualidades "vencedoras" de um comunicador assertivo são:

- O uso de afirmações com "eu".
- Linguagem direta e clara.
- Habilidade para demonstrar entendimento e empatia ("habilidades de escuta ativa").
- Habilidade para criar afinidade e manter relacionamentos.
- Boa postura, voz e contato visual.
- Confiança no que dizem – sem comentários autodepreciadores e desculpas profusas!

Linguagem direta e clara

A linguagem pode ser uma ferramenta muito inadequada e desajeitada para comunicação. Também pode ser belamente simples e, combinada a mensagens reforçadoras por meio dos vários canais físicos de comunicação (linguagem corporal), pode ser extremamente efetiva e evocativa.

Aqui estão algumas regras simples para ajudar você a praticar uma linguagem assertiva e "vencedora":

- **Monte a cena** descrevendo – muito resumidamente – a que você está se referindo: "Quando você convocou uma reunião na sexta-feira passada, eu...".
- **Simplicidade, clareza e concisão** são essenciais para a comunicação assertiva. Não divague, ou perderá a atenção de sua audiência. Vá logo ao ponto.

- **Assuma a responsabilidade** pelo que você está dizendo. Isso é feito pelo uso da primeira pessoa. Eis dois exemplos, um negativo e outro positivo: "Estou descontente com a maneira como este projeto está avançando"; "Estou encantado com o resultado desta reunião".
- **Use a repetição** se sentir que sua mensagem não está chegando às pessoas, mas reestruture sua frase na segunda vez.
- **Use o silêncio adequadamente** – ele pode dizer mais do que as palavras. Não tenha medo dele, experimente-o.

Habilidades de escuta ativa

A escuta ativa tem uma qualificação elevada na tabela associada de habilidades de comunicação. Ela lhe permite criar empatia com sua audiência e construir relacionamentos bem-sucedidos. Em termos simples, a escuta ativa é escutar com curiosidade, ou escutar como se você nunca tivesse ouvido a outra pessoa antes. Quando você fizer isso, será capaz de aferir sua própria comunicação com mais rigor porque terá captado com profundidade o que os outros estão dizendo sem fazer julgamentos prematuros, suposições ou tirar conclusões precipitadas.

Bons ouvintes fazem várias coisas. Eles:

- **Parafraseiam** – resumem o que se acabou de dizer.
- **Fazem perguntas "abertas"** para extrair boas informações – "Como?" e "O quê?" ("Por quê?" pode soar queixoso ou inquisitorial).
- **Demonstram interesse** – mantêm um bom contato visual e incitam mais comunicação acenando com a cabeça de vez em quando, usando expressões incentivadoras como "Sim", "A-hã" e "Hum".
- **Dão** *feedback* – refletem sobre o que acreditam estar sendo dito.

Criar afinidade e manter relacionamentos

Todos precisam se sentir apreciados e valorizados. Outros são propensos a ser generosos com você caso seja possível desenvolver uma afinidade saudável. É um bom investimento *se feito* com *genuinidade* e *generosidade*. Se fizer isso como uma técnica de manipulação, haverá grandes chances de sua motivação ser exposta.

Desenvolver uma boa afinidade se baseia em ter interesse pela outra pessoa, entender e recordar o que o outro diz e se lembrar de reconhecer acontecimentos ou realizações significativas.

A linguagem corporal também desempenha um papel no desenvolvimento da afinidade (falaremos mais sobre isso no penúltimo capítulo).

Às vezes, anotar as atividades dos outros, assim como suas próprias, caso você seja esquecido, pode ajudar. No entanto, você logo descobrirá que, se conseguir desenvolver habilidades de escuta ativa, começará a se lembrar das coisas com mais fidelidade. Isso porque você se concentrará no que a outra pessoa diz e escutará a si mesmo resumindo os pontos principais.

> **DICA**
> Ouvir a você mesmo dizendo algo de fato o ajuda a se lembrar. Falar com você mesmo não é sinal de loucura, é um valioso memorizador.

Boa postura, voz e contato visual

De algum modo, é decepcionante notar que apenas cerca de 7% do que você diz (as palavras que você usa) contribui para a mensagem que está tentando transmitir.

Grande parte da mensagem – 38% – é carregada por sua voz. Isso inclui tom, frequência, velocidade e qualidade de voz.

O restante, cerca de 55%, é transmitido pelo seu corpo – principalmente os olhos. É por isso que se comunicar por telefone ou por e-mail pode ser tão confuso. As mensagens nesses meios tendem a assumir vida própria. O significado pode ficar distorcido quando o canal visual de comunicação é removido. Sem as pistas visuais, às vezes é difícil interpretar com rigor as mensagens, e podem acontecer equívocos. Por exemplo, se lidas sem os sinais visíveis que acompanham o humor, as mensagens podem soar agressivas ou sarcásticas. É importante, portanto, recordar isso e prevenir qualquer provável interpretação errônea indicando ou simbolizando comentários humorísticos.

A *boa postura* e um andar ereto têm bom aspecto e transmitem confiança. Ter má postura ou arrastar os pés passa uma impressão completamente oposta. Experimente caminhar em direção a um espelho e dê uma olhada para si mesmo na vitrine de uma loja. Note a diferença quando você tenta melhorar a maneira como caminha.

A linguagem corporal assertiva será mais amplamente coberta na lição de sexta-feira. Há diversas regras simples a considerar por agora:

- **De pé ou sentado, imponha-se** – ocupar o mínimo de espaço possível transmite falta de confiança ou fragilidade.
- **Gesticule apropriadamente** – os gestos podem ajudar a transmitir uma mensagem quando usados com bom senso. Tente não exagerar, contudo; muita gesticulação pode ser extremamente distrativa.
- **Não se remexa** – isso o fará parecer nervoso!

O uso e a qualidade de sua voz afetarão a percepção da outra pessoa quanto ao que você está dizendo.

Uma voz de frequência elevada e queixosa, por exemplo, transmite uma mensagem de "vítima": "Sou realmente fraco e patético e me exponho à sua misericórdia!" Esse tipo de voz também pode soar mimado e petulante.

Por contraste, uma voz alta e profunda, soltando as palavras como uma metralhadora, soa incrivelmente agressiva.

Repare no seu próprio estilo de vocalização. Você gostaria de alterá-lo?

O estilo ideal – se realmente existe tal coisa – é de um ritmo calmo, frequência média com boa entonação e palavras enunciadas com clareza. Nem sempre é adequado, evidentemente, mas serve para a maioria das eventualidades.

Para comunicar assertivamente, você tem de manter um bom contato visual. Tente manter um contato visual quase constante enquanto está escutando outra pessoa. Não é tão fácil assim – na verdade, pode ser efetivamente desconcertante – manter um constante contato visual enquanto você está falando. Por isso, encontre um confortável equilíbrio entre olhar e desviar o olhar dos olhos do outro.

Seus olhos ajudarão na expressão de sua mensagem e, sem dúvida, estarão em movimento a maior parte do tempo. Independentemente da forma como tiver decidido usá-los, volte seu olhar regularmente para os olhos da outra pessoa ao longo da emissão de sua mensagem para perceber como ela está se sentindo quanto ao que você está dizendo.

É digno de nota que, se sua linguagem corporal está defasada de suas palavras, qualquer agenda oculta se tornará imediatamente aparente – se não for precisamente o que é, pelo menos o fato de que você tem uma!

Confiança no que você diz

A confiança é boa para quem a tem, mas a maioria das pessoas não assertivas tem uma triste lacuna nesse departamento. No entanto, aqui estão algumas dicas úteis que você pode aprender para incorporar muito facilmente no seu repertório.

- **Diga o que quer transmitir e transmita o que quer dizer** – seja sucinto e vá direto ao ponto.
- **Nunca peça desculpas** – a não ser que esteja sendo realmente honesto, e então faça isso uma única vez (note como os políticos e líderes empresariais quase nunca pedem desculpas. Estaremos realmente convencidos de que eles nunca cometem erros?).

- **Não declare que é um bobo para compensar o fato de se sentir um bobo** – fazemos isso muitas vezes para sugerir uma contradição. Um dos perigos dessa estratégia é que acreditarão em você!

Afirmações positivas

Usadas da forma correta, as afirmações positivas podem ser extremamente úteis. Elas são projetadas para treinar o cérebro a pensar em nós mesmos de modo diferente.

Se tivermos uma opinião ruim sobre nós mesmos (em geral, como consequência de uma série de experiências de infância), então, assim que sofrermos uma falta de confiança, retornaremos a essas experiências e aos sentimentos engendrados por elas. Isso exigirá um esforço repetido para vencer essa tendência e substituí-la por algo mais positivo.

Para algumas pessoas, as afirmações positivas podem ser muito úteis nesse processo.

As afirmações positivas são repetições constantes de uma crença que queremos instalar nos nossos cérebros para substituir as crenças menos saudáveis com as quais crescemos e devem ser constantemente repetidas: se você pensar no tempo que viveu com sua própria negatividade, pense com que frequência terá de repetir uma crença desejada antes que ela compense e triunfe sobre a crença negativa que está tão firmemente alojada em seu cérebro.

Como reprogramar seu cérebro

Cada vez que temos um pensamento, um impulso elétrico dispara uma via específica pelo cérebro. Depois de esse pensamento ter cruzado muitas vezes a mente, um caminho físico fica gravado no cérebro. Isso se aprofundará cada vez que se tiver o mesmo pensamento. Se este for um pensamento negativo ou diminuidor, colorirá aquilo que você crê sobre si mesmo e o projetará para outros. Um novo caminho tem de ser construído, portanto, mais profundo e mais fácil para o pensamento seguir – o caminho de menor resistência. Isso pode ser alcançado por meio de afirmações positivas.

Diga suas afirmações positivas todos os dias, como um mantra, e finalmente perceberá que terá reprogramado seu cérebro e instalado uma crença mais saudável.

Há várias regras para esboçar afirmações positivas:

- Elas têm de estar no presente – "Eu sou…"
- Elas *não* podem estar no condicional – "Quando eu… então eu…"
- Elas *não* devem ser diminuidoras – mensagem oculta: "Quem estou tentando iludir com essa coisa toda afinal?"
- Elas têm de ser sobre *você*, e mais ninguém.
- Elas têm de ser proferidas em voz alta – em particular, se você preferir, mas é importante *ouvir* a si mesmo dizendo-as.

Exemplos de boas afirmações são:

- "Eu consigo resolver isso."
- "Eu sou profissionalmente competente."
- "Eu sou um membro valioso e capaz da equipe."

Visualização criativa

A visualização criativa é uma técnica extremamente poderosa para "ver" e "fixar" suas metas distantes na mente e para planejar e ensaiar a execução das tarefas que levam ao alcance de seus objetivos.

Como já dissemos, a mente subconsciente funciona por imagens, e quando estas estão claras ela trabalhará incansavelmente para transformá-las em realidade.

O que você precisa para uma visualização criativa efetiva é de um ponto de partida e um ponto de chegada. Em outras palavras, você precisa entender completamente sua situação atual e notar quão distante está de atingir sua meta.

Esse não é um exercício negativo, é uma avaliação despojada de emoção e julgamento para lhe permitir empreender ações realistas, positivas e medir seu progresso.

Visualize seu objetivo

Assim que tiver isolado e entendido plenamente sua situação atual, você tem de compor uma imagem muito clara de sua meta e "vê-la" ou "senti-la". Imagine-a a partir de um ponto de vista não envolvido, como se estivesse vendo um filme com você mesmo. Imagine-a de todas as maneiras que possa até ter uma imagem nítida. Não desfaça essa imagem, mantenha-a clara em sua mente. Volte a ela regularmente de modo a reforçá-la.

Reserve tempo para essa visualização de forma que consiga aumentar a força dela com o tempo.

O subconsciente empreenderá a ligação entre sua situação atual e seu estado desejado, e trabalhará para transformar a primeira imagem na segunda.

Esse método de alcançar aquilo que você deseja é infalível quando feito diligentemente. De fato, você provavelmente terá alguma experiência pessoal de um momento em que fez isso instintivamente; quando você desejou algo com tanta intensidade e com tanta clareza, que conseguiu trazê-lo para a realidade.

Tente isso com grandes e pequenos desejos, mas assegure-se de que eles são seus e de mais ninguém. Você não será capaz de usar essa técnica para induzir os outros a fazer o que você quer!

Sete passos para a visualização criativa

Resumindo, aqui estão os passos básicos para a visualização criativa efetiva – um método que as pessoas assertivas adotam sem sequer pensar nisso:

1. Note sua situação atual e o quanto falta para alcançar sua meta.
2. Desenvolva uma imagem clara de seu objetivo.
3. Respire-o, sinta-o, cheire-o, examine-o de todos os ângulos.
4. Planeje e execute apenas seu primeiro e seu segundo passo.
5. Faça algo diverso e deixe seu subconsciente trabalhar imperturbavelmente sobre a etapa seguinte. Não interfira em suas imagens nem as diminua. As próximas fases virão até você no devido tempo.
6. Retorne para reforçar a imagem de seu objetivo e observe regularmente sua atual posição – mas não excessivamente, pois o processo precisa de tempo para funcionar sem perturbações.
7. Finalmente, confie no processo; ele dará resultado.

Planejar e ensaiar as tarefas que têm de ser executadas antes de atingir sua meta é como fazer "minivisualizações criativas". Cada etapa pode ser tratada da mesma maneira que aquelas listadas acima, a fim de se alcançar um objetivo maior. Nunca planeje, porém, mais do que dois passos adiante, já que o caminho pelo qual sua mente subconsciente o conduz pode ser diferente daquele que você esperava. No entanto, siga-o: provavelmente será mais criativo e mais efetivo do que sua mente consciente.

Se você não tem uma ideia clara das tarefas, não se preocupe; elas despontarão em sua mente quando chegar o momento certo.

Quando executar as tarefas em sua mente, você descobrirá que a facilidade com que as desempenha será de fato extraordinária.

> **DICA** Assim que tiver uma ideia clara de sua meta, tudo o que você fizer e toda decisão que tomar o trarão para mais perto dela.

Aumento da autoestima

Uma vez que perdida, é muito difícil recuperar a autoestima contraposta ao ego. A autoestima é uma medida de como você se avalia, e é construída desde a primeira vez que você respirou – ou, como em muitos casos, é destruída por experiências e relacionamentos prejudiciais. É uma das qualidades pessoais mais úteis que você pode possuir, porque dela brota a crença de que você tem valor e é capaz de obter êxito.

Às vezes, as pessoas tentam camuflar sua baixa autoestima ao exibirem confiança excessiva. Isso é somente "ruído" utilizado para submergir seus sentimentos de vulnerabilidade e inadequação. Não seja enganado ou intimidado por isso. Reconheça-o como uma solução humana para um desconforto emocional intolerável. Dessa maneira, a ameaça do que parece ser uma pessoa muito confiante desaparecerá e você será capaz de se encontrar com elas num patamar equivalente.

Usar algumas das técnicas descritas anteriormente pode ajudar a aumentar e a autoconfiança, mas não existe qualquer substituto para se conhecer a si mesmo e conhecer as áreas nas quais é mais provável você se destacar. Não há nada tão poderoso quanto uma série de sucessos para o levar rumo à criação de uma autoestima saudável, por isso, planeje-os.

Eis alguns pensamentos para você considerar quando tentar aumentar o grau de sua autoestima:

- **Deixe de ser responsável pelos que estão ao seu redor** – assuma a responsabilidade por suas próprias escolhas e seus próprios sentimentos.
- **Não se leve demasiado a sério** – assim que perde seu senso de humor, você perde seu controle.
- **Abandone suas autopercepções "loucas"** – em sua mente racional você saberá quais são elas.
- **Conheça a si mesmo** – entenda o que está bloqueando seu progresso, regra geral é o medo do fracasso, ou culpa de que não seja suficientemente bom.
- **Nutra-se** – dê a si mesmo alguns prazeres.

Resumo

Neste capítulo, foram-lhe dadas algumas sugestões e técnicas para lhe permitir ser assertivo e se ver como dono de seus próprios pensamentos e atos. Não diminua a importância dessas ferramentas. Se as praticar com frequência, elas se tornarão sua segunda natureza e, em breve, você colherá as recompensas dos seus esforços.

Logo, seus colegas notarão que você está mais decidido, eficiente e confiante. Essas são notícias excelentes para aqueles que estão gerenciando ou dirigindo uma equipe.

Lembre-se de projetar uma imagem positiva:

- adotando uma "linguagem vencedora";
- usando a linguagem corporal para reforçar suas mensagens;
- desenvolvendo uma atitude mental positiva;
- escutando ativamente;
- aumentando a concordância por empatia.

Tudo isso conduzirá a uma autoestima saudável.

Note, por favor: não há qualquer risco de perder sua personalidade ao fazer esses exercícios. Seu estilo pessoal continuará a distingui-lo entre seus colegas – mesmo que eles também sejam bem-sucedidos em ser assertivos. De fato, você se sentirá mais livre para expressar sua individualidade à medida que ficar mais confortável com seus poderes de assertividade.

Perguntas (respostas no final)

Pense sobre as seguintes questões e use-as para aumentar a autoconsciência e desafiar a si mesmo.

1. **A linguagem vencedora é o carimbo da comunicação assertiva. Quando uso linguagem vencedora, eu deveria...**
   a) usar muitas afirmações com a palavra "eu" ❏
   b) contar às pessoas sobre todos os meus êxitos ❏
   c) garantir ficar por cima ❏
   d) encontrar maneiras de diminuir os esforços dos outros ❏

2. **A escuta ativa é uma poderosa ferramenta para comunicação. Quando escuto ativamente, eu devo...**
   a) olhar para baixo e ficar calado ❏
   b) envolver-me e antecipar o que está prestes a ser dito ❏
   c) fazer perguntas abertas e permanecer curioso quanto às respostas ❏
   d) permanecer ativamente envolvido em minhas próprias tarefas ou pensamentos enquanto escuto a outra pessoa falar ❏

3. **Sei que venho construindo uma boa concordância quando...**
   a) consigo passar a minha mensagem ❏
   b) a pessoa com quem estou conversando sai com muitas tarefas ❏
   c) convenço outra pessoa de que o meu ponto de vista é mais adequado ❏
   d) aprendo algo novo sobre a pessoa com quem estou conversando e demonstro empatia ❏

4. **Uma boa linguagem corporal envolve...**
   a) muitos gestos para sublinhar a mensagem que estou passando ❏
   b) sentar-me na ponta da cadeira para demonstrar entusiasmo e interesse ❏
   c) olhar fixamente nos olhos da outra pessoa enquanto ocorrer a conversa ❏
   d) alinhamento entre a mensagem física e a verbal ❏

5. Uso a técnica de visualização criativa quando...
a) quero convencer outros da minha boa ideia ❑
b) estou entediado numa reunião e preciso me distrair ❑
c) quero definir meus próprios objetivos ❑
d) estou criando apresentações no PowerPoint ❑

6. Faço afirmações positivas quando...
a) quero recompensar alguém pelo seu bom desempenho ❑
b) estou tentando me convencer de que tenho confiança ❑
c) quero transformar as crenças negativas que tenho sobre mim mesmo ❑
d) quero as coisas à minha maneira, independentemente do que está se passando ❑

7. Afirmações positivas...
a) funcionam quer eu acredite nelas ou não ❑
b) funcionam quando as coloco suficientemente distantes no futuro para lhes dar tempo para se concretizarem ❑
c) funcionam quando falo delas como se fossem verdadeiras agora ❑
d) não funcionam realmente – são apenas uma trapaça! ❑

8. Ser assertivo exige que eu...
a) assuma total responsabilidade pelas minhas decisões ❑
b) consiga as coisas do modo que quero ❑
c) nunca seja agressivo ou passivo ❑
d) seja confiável para lutar as batalhas dos outros ❑

9. Pessoas assertivas são...
a) extrovertidas ❑
b) espalhafatosas e gregárias ❑
c) abusivas ❑
d) pessoas com uma autoestima saudável ❑

10. A capacidade de ser assertivo depende de...
a) minha personalidade ❑
b) meus níveis de confiança ❑
c) meu desejo de dominar ❑
d) acreditar em mim mesmo ❑

TERÇA-FEIRA

Lidando com o "negativo"

Somos constantemente desafiados pelo estresse e pelas dificuldades da vida. Encontrar estratégias para gerenciá-los de forma equilibrada poderá ser a chave para se sentir feliz, saudável e no comando. Esse estresse e essas solicitações têm a ver não apenas com a mecânica da vida mas também com as pessoas e as situações com que nos deparamos. Isso poderia ser qualquer coisa, desde um trem superlotado com pessoas cansadas voltando para casa num dia quente até um lojista que mesquinhamente não escuta a nossa queixa. É difícil se recuperar de ter começado com o "pé esquerdo", mas, com consciência e determinação, é possível reverter os acontecimentos e nos protegermos de ser arrastados pela negatividade de outras pessoas.

Hoje, você aprenderá algumas técnicas para negociar sua passagem por meio desse que é o mais difícil dos territórios. Para fazer isso, vamos atentar para:

- Lidar com a raiva – a sua e a dos outros.
- Resolver o conflito.
- Dar e receber *feedback*.
- Dizer "não".
- Lidar com rejeição e fracasso.

Lidar com a raiva – a sua e a dos outros

A maioria de nós tem um medo inato da raiva. Isso pode ser uma regressão aos anos de nossa infância, em que nos sentíamos impotentes e vulneráveis, ou ao nosso mais primitivo estado, em que percebemos a ameaça de saqueadores ou predadores. Quando nos deparamos com a raiva, portanto, nossos corpos tendem a reagir preparando-nos para "lutar ou fugir" – batimento cardíaco acelerado, respiração rápida e aumento de fornecimento de sangue aos músculos –, tudo como resultado da liberação de adrenalina na corrente sanguínea. Esse é o mecanismo de defesa natural que "dá o arranque" quando somos ameaçados e, no momento certo, age como um salva-vidas. Às vezes, o mesmo conjunto de respostas fisiológicas resulta numa resposta de "congelamento" quando ficamos imóveis, cheios de tensão nervosa, na esperança de que o perigo desapareça sem nos notar.

Na maioria das situações modernas, contudo (na estrada ou no trabalho, por exemplo), essas reações são inapropriadas e inúteis, e nos beneficiaria se aprendêssemos a superá-las diminuindo o nosso medo e aumentando a autocompreensão e o autocontrole.

O que é raiva?

A raiva é somente energia. Ela será indiscriminadamente direcionada para objetos ou pessoas por alguém zangado. É como um míssil com detecção de calor procurando um alvo e que precisa ser desviado, amortecido ou evitado.

A coisa a lembrar quando você está na extremidade receptiva da raiva de alguém é que não foi você quem precipitou a raiva, mas algum ato ou atitude que você tomou e que tocou um acorde infeliz nessa pessoa. Você ainda é um ser humano aceitável, com direitos. A raiva que você está enfrentando brotou como resultado do condicionamento da outra pessoa – às vezes, um condicionamento sem motivo. O mesmo é verdadeiro em relação à sua própria raiva, evidentemente.

Um método para lidar com a raiva de outra pessoa – exceto em casos patológicos – é distanciar-se da situação. Olhe sem envolvimento emocional e observe sua natureza enquanto deixa que ela se esvaia. Não a alimente. Tente identificar a fonte da raiva escutando cuidadosamente o que está sendo dito – ou GRITADO. Você poderá descobrir que a pessoa zangada se sente criticada, irrelevante, frustrada, magoada um sem-número de emoções. Isso dará a você uma pista sobre como proceder.

Se você ainda está se debatendo, faça perguntas para clarificar seu entendimento, mas tente não ser paternalista.

Caso esteja num lugar público e sinta-se constrangido, simplesmente se lembre de que é você quem está no controle nesse momento, e que é a outra parte que está chamando a atenção para si – e vai conseguir, claro; somos uma sociedade que busca sensações.

Assim que a confusão esmorecer, diga o que entendeu da situação sob o ponto de vista do outro e negocie um caminho avante ou uma resolução.

Caso você sinta que é importante extinguir raiva rapidamente, uma técnica útil a adotar é se equiparar à energia que está sendo emitida. Isso é feito fazendo-se uma proclamação em voz alta, como: "EU ENTENDO POR QUE VOCÊ ESTÁ TÃO PREOCUPADO, eu sentiria exatamente o mesmo no seu lugar, mas...". À medida que você prossegue com seu comentário, pode baixar a frequência da sua voz e começar a assumir o controle.

Como um observador, você muitas vezes pode perceber quando a tensão está crescendo em uma situação, porque as vozes tendem a aumentar em volume e frequência e as palavras são proferidas como balas.

Esforce-se em não ser tentado a usar a "razão". O propósito do raciocínio é levar o outro a concordar que o comportamento dele não é razoável, e ninguém quer fazer isso quando está num pico de tensão. Isso obviamente fomentará o ressentimento. Raciocinar pode ser uma atitude passiva/agressiva, já que tenta induzir o outro para uma posição submissa.

> **DICA** Lembre-se: você sempre tem a opção de se afastar.

Quando você mesmo se sentir zangado, tente a técnica do distanciamento (respiração profunda ou contar até dez ajuda algumas pessoas). Com a prática, você conseguirá observar seu próprio comportamento de um modo bastante despojado de emotividade. As observações que você faz sobre si mesmo contribuirão muito para o seu autoconhecimento se conseguir fazer isso com honestidade. Você colherá recompensas incontáveis em sua habilidade para se comunicar assertivamente se conseguir desenvolver a presença de espírito para diminuir sua resposta enérgica a uma situação e perguntar a si mesmo: "As coisas ficarão resolvidas se eu ficar zangado?". Se a resposta for "não", tente acalmar-se e pense em outra solução.

Aqui está uma lista de verificação para ajudar você a lidar com a raiva:

- Distancie-se – não tome a raiva dos outros como pessoal.
- Entenda a causa da raiva escutando e observando cuidadosamente.
- Diga pouco ou nada até que a raiva tenha-se aquietado.
- Respeite-se a si mesmo e ao outro; ambos ainda têm direitos.
- Assim que certo grau de tranquilidade tenha sido alcançado, demonstre compreensão reconhecendo o ponto de vista do outro – não é a mesma coisa que concordar com ele (não use a razão).
- Negocie uma via de avanço.
- Se tudo falhar, afaste-se. Essa é outra maneira de respeitar a si mesmo.

Resolver o conflito

Para ser mais claro, o conflito é diferente da raiva, embora, às vezes, um possa levar ao outro.

O conflito pode ser invisível, insidioso e elusivo, particularmente com aqueles de comunicação *passiva/agressiva*. Isso pode levar a um impasse, um bloqueio extremamente difícil de superar. Vemos muitos conflitos no setor econômico, com disputas não resolvidas causando a destruição de organizações de uma indústria inteira.

O conflito também pode ser claro, razoável e útil. Usado positivamente, ele pode focar a mente, aumentar o entendimento e conduzir rumo a uma solução satisfatória e criativa.

Muitas das técnicas para lidar com o conflito são semelhantes àquelas usadas para lidar com a raiva. As questões podem ser mais complexas porque as duas posições opostas muitas vezes são bem concebidas e ensaiadas antecipadamente. Os objetivos das suas partes podem no começo parecer totalmente diferentes e incompatíveis. Esse, todavia, raramente é o caso na realidade.

Aqui está uma lista de verificação para resolver o conflito:

- Estabeleça o resultado esperado e as prioridades para ambas as partes.
- Reconheça e valorize a posição do outro.
- Discuta os pontos de acordo mútuo para estabelecer empatia.
- Comprometa-se em questões que não sejam centrais ao resultado esperado.
- Identifique e esclareça aqueles pontos que são deixados sem resolução.
- Sonde para um entendimento mais profundo questionando detalhadamente e escutando com atenção.
- Negocie uma resolução ou estabeleça um acordo sobre um plano para a próxima etapa.

Dar e receber *feedback* crítico

Esse é um território sempre difícil. Regra geral, somos ruins dando *feedback* porque não somos muito bons recebendo-o.

Dar *feedback* crítico

Dar *feedback* crítico no início impede que uma situação ruim venha a se tornar terrível.

Aqui está um guia útil para dar *feedback*:

- Seja atencioso e, acima de tudo, discreto.
- Não "pise em ovos" – tenha confiança naquilo que você quer dizer.
- Assuma responsabilidade pelo *feedback*: não o faça por ter sido induzido a isso e não se baseie em boatos ou "disse me disse".
- Certifique-se de que o *feedback* é fundamentado no comportamento que você gostaria de ver mudado, não na personalidade do indivíduo.
- Use linguagem corporal positiva (veja o capítulo de sexta-feira).

O *feedback* crítico pode ser dado em cima do que é chamado uma "cutucada positiva". Por exemplo: "Gostei da maneira como lidou com aquela chamada e isso pode representar um melhor serviço aos clientes se você usar o nome deles". Isso muitas vezes é chamado de "*feedback* sanduíche" e, por ser tão conhecido, as pessoas muitas vezes esperam pela "pancada" depois que recebem um elogio. Tente ser sensível a quem está dando *feedback* e evite usar clichês.

Receber *feedback* crítico

Ninguem de nós gosta de receber *feedback* crítico. De fato, a maioria está procurando uma confirmação de que somos apreciados e aceitos da forma como somos. No entanto, se pusermos nossas vulnerabilidades de lado por um momento, talvez seja realmente útil ouvir como os outros percebem nosso comportamento ou nosso trabalho. Estamos então em uma melhor posição para fazer os ajustes desejados – se acharmos que são válidos.

Às vezes, podemos sentir que o *feedback* é injusto. Se for esse o caso, tente preservar sua dignidade, exponha suas discordâncias e prossiga.

Tente não argumentar por você; não convencerá ninguém e entregará seu poder direto à pessoa que está dando o *feedback*.

Aqui está uma breve lista de verificação para receber *feedback* crítico:

- Escute com atenção o que está sendo dito.
- Julgue por si mesmo se isso é válido; se não, desconsidere e prossiga adiante.
- Não discuta: apenas atrairá a atenção para as suas vulnerabilidades.

Se tiver a infelicidade de ser criticado em público, uma reação honrada evocará uma quantidade inusitada de respeito dos observadores enquanto a reputação da pessoa que dá o *feedback* será severamente depreciada.

Dizer "não"

Somos recompensados com muitos elogios quando aquiescemos ao pedido de outra pessoa. Isso não surpreende, já que, ao fazer isso, assumimos a responsabilidade pela tarefa ou fardo de outro. Por comparação, a recompensa emocional por dizer "não" é, de algum modo, enfadonha.

Frequentemente, somos levados a nos sentir culpados e ruins quando dizemos "não". Essa é uma forma de manipulação, uma tentativa desesperada para nos fazer mudar de ideia e afinal cooperar.

Lidar com isso requer um tipo particular de resiliência. Acreditar que de fato é perfeitamente aceitável fazer escolhas de acordo com seu próprio conjunto de prioridades, valores e crenças ajuda. Isso não quer dizer que você precisa sempre dizer "não" só para provar que está no controle de suas próprias decisões. O que significa é que você *consegue* dizer "não".

Aqui está uma lista de sugestões úteis que você pode usar quando desejar dizer "não":

- Diga-o com convicção – do contrário, isso provavelmente ficará evidente e a pessoa que faz o pedido sondará até que você mude de ideia. Você não tem de dar razões para dizer "não".
- Se quiser pensar na sua resposta, diga: "Falarei depois com você sobre isso", ou "Preciso de algum tempo para pensar nisso". Você tem esse direito – quem está fazendo favor a quem?
- Não dê muitas desculpas, não aperte as mãos de ansiedade nem exagere nas justificações.
- Você pode ser capaz de oferecer uma solução de compromisso.

Lidar com rejeição e fracasso

É muito difícil separar a rejeição do fracasso, porque eles estão intrinsecamente ligados. Eles podem trazer desespero e depressão, um sentimento de insensatez, de falta de mérito e tantas outras emoções negativas.

Aceitando que esse é o caso para muitos de nós, a coisa saudável a fazer é aprender com essas emoções, trabalhar com elas e vê-las a partir de uma perspectiva mais positiva. Isso pode soar trivial e inútil, mas, com um pouco de determinação, seus fracassos percebidos e os consequentes sentimentos de rejeição desaparecerão em anedotas: "Eu lhe contei sobre aquela vez em que perguntei ao presidente se ele estava autorizado a estar no edifício?".

Tente não confundir seu valor próprio com uma experiência fugaz negativa. Ser muito duro com você mesmo é inútil e, num momento como esse, você precisa de todo o perdão e toda a compreensão que possa obter – mesmo que tenha de vir de você mesmo.

Uma tática útil que você talvez goste de empregar para evitar o sentimento de derrota total é fazer uma série de planos de contingência. Ao pensar em cenários possíveis, prováveis ou mesmo improváveis que manchariam sua reputação, você pode dedicar algum tempo preparando estratégias para lidar com a situação. Dessa maneira, pode-se redimir rapidamente e desviar-se dos sentimentos destrutivos de rejeição e fracasso em um ambiente mais positivo.

Não seja negativo por muito tempo; você poderá descobrir que visualizou criativamente algo que preferiria não ver transformar-se em realidade.

Estas sugestões podem ser úteis como parte do nosso pacote de sobrevivência:

- Tente não vincular seu valor a experiências negativas.
- Nunca seja escasso em alternativas – desenvolva planos de contingência.
- Saiba que o significado das experiências negativas muda com o tempo.
- Tente aprender com a experiência – ela o protegerá da próxima vez.
- Seja bondoso com você mesmo.

A gama de experiências e emoções negativas é no mínimo desconfortável, mas, tendo dominado seu medo e lidado bem com algumas situações difíceis, você em breve reeducará suas reações reflexas para cooperar com a forma como você preferiria ser.

Desenvolver uma visão equilibrada sobre esses assuntos o tornará muito mais forte porque você não estará tentando evitar questões; em vez disso, estará fazendo escolhas e avançando com elas confiantemente.

Você não é invencível, portanto, tente não ficar fervoroso demais no seu entusiasmo ao lidar com a negatividade. Definitivamente, há situações que é melhor evitar porque não pode haver nenhum vencedor na sua resolução. A raiva que se transforma em violência física é um ato irracional e, portanto, não pode ser abordada de modo racional. Nessas circunstâncias, a autopreservação é a chave e, se seu corpo o prepara para fugir, faça-o!

Resumo

Em suma, aquilo com que lidamos nesse capítulo é a "energia negativa". Quando isso for entendido, o medo pode evaporar, e essa energia pode se transformar num resultado positivo para todos. A energia negativa é assustadora e difícil porque nos faz retroceder para uma posição vulnerável e aumenta o receio quanto à nossa sobrevivência. Essas reações primitivas estão profundamente instaladas nos nossos cérebros e ainda são funcionais, seja o desencadeador imaginário, seja real.

Ser capaz de nos identificar com outro ser humano apanhado pela fúria pode capacitar-nos a criar empatia com sua situação – e, fazendo isso, conseguimos comportar-nos com generosidade.

Vale a pena notar que comportar-se assertivamente – como você faria se conseguisse controlar uma conversa rancorosa sem destruir a autoestima de alguma das partes – nem sempre é a solução "certa". Ser passivo pode ser a melhor resposta se, por exemplo, você está sendo assaltado. Ou dominar agressivamente pode ser adequado numa situação de emergência, em que as pessoas precisem de orientação por alguém no comando.

Ser assertivo significa poder fazer escolhas sobre como e o que você comunica. Isso o coloca na direção de seus próprios relacionamentos e lhe permite ser forte e confiante – porém não insensível. Você pode alcançar essa "saudável autoestima" se estiver preparado para ser consciente e fazer algumas mudanças rigorosas nos seus comportamentos.

Perguntas (respostas no final)

Pense sobre as seguintes questões e use-as para desenvolver suas habilidades no gerenciamento de energia negativa.

1. **Quando alguém está zangado, é melhor...**
   a) entender-se com ele ❑
   b) gritar de volta com ferocidade semelhante ❑
   c) submeter-se ao poder dele e fugir na primeira oportunidade ❑
   d) aguentar firme e tentar entender o que se passa com essa pessoa ❑

2. **Quando alguém está zangado comigo, é melhor...**
   a) parar e me submeter à sua exigência ❑
   b) lutar e me esforçar para vencer a batalha ❑
   c) fugir da situação com a esperança de que a pessoa se acalmará ❑
   d) recapitular a situação e responder de maneira que levará a um ganho para ambas as partes ❑

3. **Aqui está uma lista de verificação para a resolução de conflitos. Qual é o item *incorreto* da lista?**
   a) Reconhecer e valorizar a posição do outro. ❑
   b) Comprometer-se ou renunciar a questões que não sejam centrais ao resultado desejado. ❑
   c) Procurar um entendimento mais profundo questionando e escutando tudo. ❑
   d) Assegurar-se de manter o "controle" segurando seu ás de trunfo. ❑

4. **Quando você pretende dar um *feedback* crítico, como deveria justificar seus comentários?**
   a) Escrutinar as opiniões dos outros e acrescentá-las ao seu *feedback*. ❑
   b) Lembrar as pessoas das suas falhas de personalidade enraizadas e persistentes. ❑
   c) Esperar até a situação ficar intolerável e então lançar o seu arsenal. ❑
   d) Baseá-lo apenas nas suas observações e concentrar-se no comportamento da pessoa. ❑

5. Quando diz "não", o que você deveria almejar sentir?
   a) culpa ❑
   b) que não está sendo razoável ❑
   c) que as pessoas não vão gostar de você ❑
   d) que está certo dizer "não" ❑

6. Quando você vai para uma situação que sinta ser "negativa", como deveria se preparar?
   a) Simplesmente entrar nela e esperar pelo melhor. ❑
   b) Entrar nela com as armas disparando para garantir que ninguém leve a melhor sobre você. ❑
   c) Pensar nas tensões e dizer a você mesmo que não são pessoais. ❑
   d) Tentar se manter o mais calado possível na esperança de que ninguém repare em você. ❑

7. Quando recebe *feedback* desafiador ou negativo, como você deveria responder?
   a) Dizer à pessoa que lhe está dando o *feedback* que não se meta na sua vida. ❑
   b) Agradecer à pessoa e dizer que vai pensar no que ela disse. ❑
   c) Argumentar sobre o seu caso. Ninguém vai criticar você e a coisa vai ficar por ali! ❑
   d) Pedir desculpas e dizer que aquilo não vai se repetir. ❑

8. Quando se lida com a raiva de alguém, é melhor...
   a) gritar para acalmá-lo ❑
   b) argumentar com ele e levá-lo a perceber que está errado ❑
   c) avaliar a situação e ver se consegue descobrir o que está causando o problema ❑
   d) deixá-lo sozinho até que a raiva dele se dissipe ❑

9. Quando você se sente rejeitado, deveria...
   a) culpar a si mesmo por estar "errado" ❑
   b) dizer a si mesmo que a outra pessoa não sabe o que está fazendo ❑
   c) tentar preservar a autoestima e reconhecer que isso nada tem a ver com "você" ❑
   d) dizer-lhe que você não quer ser incluído nisso de maneira alguma! ❑

10. A escuta ativa pode ser feita enquanto...
    a) se enviam torpedos aos amigos ❑
    b) se enviam *e-mails* para os colegas de trabalho ❑
    c) se é curioso quanto à situação da outra pessoa ❑
    d) se interrompe entusiasticamente para acrescentar algo à conversação ❑

QUARTA-FEIRA

Criando uma impressão positiva

Existem muitas possibilidades para dar o melhor de si e criar uma primeira impressão positiva. Neste capítulo, examinaremos algumas das técnicas que podem ser adotadas para alcançar isso. Elas incluem:

- Criar uma primeira impressão positiva.
- Desenvolver capacidades de entrevista assertiva.
- Aumentar a confiança.

Para criar uma boa primeira impressão, você precisará administrar a percepção dos outros. Esta se formará por meio da *persona* que você projeta – que pode, claro, estar a anos-luz daquela à qual você revela em particular.

Vale a pena lembrar que, quando as pessoas formam uma percepção sobre nós, elas agem como se essa fosse a verdade. Assim que formada, essa "verdade" raramente é visitada e revisada. Em vez disso, é assumida como fato, e o "detentor da impressão" orienta seu comportamento em nossa direção em conformidade com ela. Se inadvertidamente criamos uma primeira impressão inútil ou errônea, isso pode nos causar um problema no longo prazo, já que as pessoas frequentemente relutam em reavaliar seus pensamentos iniciais sobre nós.

Se tentamos "manipular" as percepções que as pessoas têm de nós, isso pode ser difícil de sustentar – e podemos estranhar a nós mesmos, como se não estivéssemos sendo autênticos. Vamos explorar mais esse fenômeno neste capítulo.

Criando uma primeira impressão positiva

A primeira oportunidade que temos para criar uma boa impressão é numa reunião inicial ou durante uma entrevista de emprego.

Sem dúvida, os seres humanos são preconceituosos. Geralmente, procuramos por semelhanças naqueles que estamos encontrando pela primeira vez porque isso nos reforça como indivíduos e nos dá um terreno comum para explorar. Somos menos tolerantes com quem assume perspectivas diametralmente opostas às nossas ou vive segundo um conjunto de valores diferente.

Quando encontrar alguém pela primeira vez, pode ter a certeza de que ele tem essa habilidade instantânea, como você a tem, de resumir você em menos de dez segundos e ficar totalmente convencido de que seus poderes de percepção são completamente rigorosos! Você tem apenas esses pouquíssimos segundos, portanto, para criar a impressão que escolher criar.

Com muita frequência, nossas primeiras impressões se mostram erradas no longo prazo. No entanto, leva de fato muito tempo e esforço para desfazer a primeira impressão e substituí-la por outra mais rigorosa.

Agora, vamos examinar os muitos fatores que participam na criação da primeira impressão:

- aparência;
- tamanho, mobilidade e nacionalidade;
- aperto de mão;
- postura e linguagem corporal;
- voz, sotaque, padrão discursivo, defeito na fala, tom etc.

Os julgamentos serão feitos numa combinação de alguns ou todos os fatores acima antes de começarmos a dizer algo significativo.

Vamos observar esses fatores um a um.

Aparência

De modo a decidir como causar um impacto, você primeiro tem de determinar qual impressão deseja criar. Um ponto óbvio, talvez, mas frequentemente negligenciado.

Aqui estão alguns fatores a se considerar quando planejar a impressão que quiser dar em uma entrevista de emprego:

- A cultura da organização-alvo.
- A natureza do trabalho.
- A nota que você deseja alcançar com seu vestuário:
    - Uma grande quantidade de **cores** vivas pode ser esmagadora.
    - O **estilo** pode ser adequado, convencional, não convencional.
    - Os **acessórios**, como sapatos, gravatas, lenços, joias, sacolas, cintos e pastas, bem como o corte e a cor de cabelo, todos contribuem para a impressão geral.

Se você decidir criar a imagem do não conformista, tenha cuidado. Embora isso lhe dê maior liberdade e um âmbito enorme para pintar um quadro muito idealista, é uma estratégia de risco elevado, especialmente num ambiente convencional. A pergunta para você se fazer é: o quanto eu verdadeiramente quero esse emprego?

Tamanho, mobilidade e nacionalidade

Pouco há que a maioria de nós possa fazer quanto ao nosso tamanho, grau de mobilidade ou origem. Infelizmente, é inegável que esses fatores influenciam fortemente uma primeira impressão, portanto, esteja consciente deles e afaste de imediato qualquer preocupação do entrevistador.

Se acha que pode se deparar com alguma forma de preconceito, seja orgulhoso e direto. Isso é bastante irresistível e logo colocará a questão (se é que existe) em segundo plano, deixando-o na posição mais forte. Também criará um clima descontraído para conversa adicional. Esse é um passo essencial a tomar se houver qualquer possibilidade de o entrevistador perceber uma barreira física à sua adequação ao trabalho, portanto, lide com questões semelhantes de forma honesta e sem desculpas, depois prossiga.

Aqui estão alguns exemplos que ilustram como um entrevistado pode afastar o preconceito do cenário:

- "Embora o senhor possa ver que sou muito gordo, gostaria de lhe garantir que isso não atrapalha o meu desempenho."
- "Gostaria que o senhor soubesse que as minhas restrições físicas me permitiram desenvolver outras habilidades num grau extremo."

Aperto de mão

Em uma fração de segundo, quando se conhece alguém, ali estamos nós, oferecendo nossa mão como a melhor etiqueta nos ensinou. Há muitas variedades de aperto de mão, algumas desesperadamente desconcertantes, outras comerciais e quase despercebidas. As conclusões que tiramos de um aperto de mão ficam fora de todas as proporções quanto ao seu significado. No entanto, entendê-lo errado coloca um grande obstáculo quanto a criar uma boa impressão.

Todos já experimentamos a "mão mole", o aperto de mão só com os dedos, o feroz "quebra-mão", o aperto suado e o aperto de mão que não quer largar...

A forma-padrão de apertar a mão de alguém é:

- Ofereça uma mão aberta, com a palma direcionada para a palma do outro.
- Olhe o outro nos olhos e sorria.
- Aperte firmemente a mão do outro e sacuda-a uma ou duas vezes (não mais).
- Solte.

Postura e linguagem corporal

Lidaremos com a linguagem corporal em mais detalhes no capítulo da sexta-feira, mas, como estamos no tópico das primeiras impressões, é necessário tocar no assunto aqui.

O modo como você entra num lugar, como avança para uma saudação, caminha ou se senta, tudo concorre para formar uma primeira impressão.

O comportamento assertivo também pode ser demonstrado não verbalmente de três maneiras:

- Mover-se assertivamente (incluindo o aperto de mão).
- Sentar-se assertivamente.
- Usar a voz (sim, é considerado um modo de comunicação não verbal).

Mover-se assertivamente: quando estiver preparando-se para entrar num lugar, bata firmemente na porta e espere pela resposta. Assim que tiver sido convidado "a entrar", abra toda a porta, avance e feche a porta atrás de si. Caminhe com confiança para dentro da sala em direção à mão que aguarda o cumprimento.

Não seja tímido. Se bater de leve na porta, ninguém escutará e você não será convidado "a entrar". Então, provavelmente, ficará ansioso e inseguro – e sabotará a si mesmo.

Esgueirar-se pela porta, colar-se na parede e se arrastar de modo hesitante em direção ao cumprimento o fará parecer insípido e sem confiança. Esse é o comportamento tipicamente passivo. No entanto, se avançar para dentro a passos largos, pousar a pasta e se sentar sem ser convidado, você não parecerá confiante, como poderia esperar, mas agressivo.

Sentar-se assertivamente: sente-se ereto e com uma ligeira inclinação para a frente. Isso dá a impressão de se encontrar com alguém em parte no território dele e parecer interessado e entusiasmado.

Se você ficar relaxado ou se apoiar para um dos lados deslizando para a ponta da cadeira, parecerá desinteressado e desrespeitoso.

Do contrário, sentar-se de modo aconchegado e encolhido, com as pontas dos pés viradas uma para a outra e as mãos apertadas firmemente entre seus joelhos, o fará parecer infantil e desamparado.

Usar a voz: há muitas dimensões da sua voz, a maioria das quais difíceis de controlar, como o sotaque nacional ou regional, um defeito da fala ou a saúde de suas cordas vocais.

Algumas das propriedades vocais que você pode controlar são a clareza do discurso, a frequência, o tom e a velocidade da fala.

As palavras que usa, os padrões gramaticais que prefere na construção das suas frases e a maneira como reforça o que está dizendo com suas mãos, tudo tem relação direta com o modo como você será percebido, embora inconscientemente. Depois, falaremos mais disso.

Criando uma primeira impressão positiva – invisivelmente

Nosso primeiro contato com uma pessoa pode ser via *e-mail*, carta ou pelo telefone.

Como esses modos de comunicação são despojados da informação visível normalmente abundante – como aparência, estilo, gestos e, no caso da palavra escrita, voz –, torna-se ainda mais importante aproveitar ao máximo o que resta. Modos de comunicação "remota" ainda estão repletos de oportunidades para criar uma primeira boa impressão.

Vamos observar o potencial de três formas de comunicação "remota".

E-mail

O *e-mail* é um modo bastante informal de comunicação com tradição de atalhos e abreviaturas. No entanto, a maioria das pessoas agora oferece seu endereço de *e-mail* e convida ao contato eletronicamente. Se você usar esse canal de comunicação para criar uma primeira impressão, assegure-se de fazê-lo por meio de uma mensagem de alta qualidade. Utilize a ferramenta dos anexos para enviar adequadamente documentos formatados que possam ser impressos pelo destinatário.

Carta

Há vantagens significativas em transmitir sua primeira impressão por carta. Quando o contato inicial é feito por meio de palavra escrita, você tem o luxo de ter tempo para planejar a impressão que quer criar.

Abaixo, estão listadas algumas sugestões úteis sobre como criar uma boa primeira impressão por carta:

- Assegure-se de que a qualidade do papel e o aspecto da escrita são excelentes: sem erros ortográficos, marcas de líquido corretor, coloquialismos ou gramática ruim.
- Cartas escritas a mão são ótimas se você tiver uma "boa caligrafia", que seja atrativa e legível. Muitas características ruins estão associadas com caligrafia fraca. As cartas com caracteres impressos têm aspecto profissional, por isso use esse método se puder.
- Certifique-se de que o que você tem para dizer é sucinto e que está indo direto ao ponto. Qualquer informação que você der além do que for necessário deve ser cuidadosamente escolhida.

O telefone

Quando se comunica por telefone, você tem o benefício de estar invisível, de modo que pode ficar realmente confortável com você mesmo e com o que planeja dizer.

Aqui estão algumas sugestões úteis para causar uma boa primeira impressão usando o telefone:

- Sorria quando sua chamada for atendida, isso pode ser detectado na sua voz.
- Use uma saudação agradável e diga seu nome e o propósito com clareza.
- Planeje o que vai dizer (anotar palavras-chave garantirá que você cubra todos os pontos essenciais).
- Se você está tentando ordenar seus pensamentos, diminua o ritmo se isso ajudar e use gestos.
- Se for interrompido durante a chamada, explique o que aconteceu de modo que sua distração não pareça rude ou deslocada.
- Resuma e confirme todos os acordos verbalmente de forma que possa ter a certeza de que entendeu com rigor.
- Estabeleça quem iniciará o contato seguinte. Se você estiver ansioso, assuma a responsabilidade também por isso.

- Muitas vezes, na sequência de uma conversa telefônica, é útil enviar um e-mail de confirmação.
- Se parecer que você está escutando há muito tempo, reconheça o que está sendo dito usando expressões como "Ahan", "Hm" e "Sim". Silêncios longos podem soar como se você já não estivesse ali ou tivesse deixado de prestar atenção.
- Se achar que precisa ser assertivo, ponha-se de pé enquanto conversa ao telefone. Isso realmente ajuda a transmitir um sentimento de força.

Habilidade de entrevista assertiva

Muitos livros especializados foram escritos sobre o assunto "entrevista". No entanto, o dia de hoje não seria completo sem alguma referência à "entrevista" e a como você pode lidar com ela assertivamente.

Durante uma entrevista conduzida por um entrevistador, ele deveria falar apenas por 5% a 10% do tempo. Teoricamente, portanto, você terá o resto do tempo para dar o máximo possível de informação relevante sobre você.

Seu currículo terá transmitido toda a informação profissional, técnica e de experiência necessária para determinar sua adequabilidade para o cargo. A entrevista é veiculada principalmente para descobrir se você se integrará à cultura da organização e trabalhará eficazmente com o resto da equipe.

Você será desafiado a dar informação sobre si mesmo por meio de "perguntas abertas". Fique atento a descobri-las, pois lhe proporcionam a oportunidade de se mostrar sob uma boa luz. Exemplos de perguntas abertas são:

- "O que fez você decidir...?"
- "Como você resolveria...?"
- "Explique mais sobre como você..."

Elas são "abertas" porque você determina o conteúdo e os limites da resposta. Não existem fronteiras para elas. Elas lhe dão um alcance enorme para conversar sobre sua abordagem e suas realizações.

As perguntas "fechadas" são aquelas como:

- "Por quanto tempo você trabalhou para...?"
- "Por quantos funcionários você era responsável em...?"
- "Quando você passou no teste de condução?"

Essas perguntas estimulam respostas curtas, definidas e, como consequência, o entrevistador tem de trabalhar intensamente para extrair informação suficiente de você para chegar a uma decisão.

Se acontecer de você ser entrevistado por alguém que lhe faz perguntas "fechadas", tome a iniciativa e abra-se, dizendo algo como:

- "Sim, gostei de ser um aprendiz porque me deu uma oportunidade para..."
- "Trabalhei para a Hobson's Choice por dez anos e gostei muito porque desenvolveu minha habilidade para..."

Lembre-se, faça uma pesquisa básica sobre a organização e a natureza do seu negócio antes de ir a uma entrevista. Os entrevistadores muitas vezes perguntam: "O que você sabe sobre esta organização?" Você pode facilmente causar boa impressão com uma resposta bem-elaborada.

Resumo

Para fechar o ensinamento deste capítulo, olhemos para o que é afinal a criação de uma imagem positiva – *confiança*.

Ao adotar algumas das técnicas e atitudes que lhe foram apresentadas neste capítulo, em breve você começará a confiar que é capaz de formar e manter uma imagem que lhe agrada. Inicialmente, um pequeno êxito é tudo o que você pode pedir. Ter isso com segurança por trás de você constituirá o começo do aumento da confiança. Comece com algo que considere relativamente fácil e avance para coisas maiores a partir daí.

Bons hábitos, firmemente estabelecidos, são em breve levados para o subconsciente, onde formam o leito rochoso do seu comportamento. Quando você progredir tanto, descobrirá que seu nível de confiança aumentou significativamente e que você será capaz de recorrer a ele com bastante naturalidade. Assim que você alcançar esse estágio, todas as suas experiências positivas serão usadas para reforçar essa qualidade que você acabou de encontrar. Você terá estabelecido um círculo virtuoso! Confiança e uma saudável autoestima são bens preciosos e, se você não for afortunado o suficiente para possuí-las naturalmente, vale a pena trabalhar por elas.

Uma atitude mental positiva é a chave. Muitos administradores aprenderam isso a partir da experiência de atletas que desenvolveram suas mentes assim como seus corpos. Acreditar em si mesmo, aliado à perícia profissional, garantirá seu sucesso.

Perguntas (respostas no final)

Pense sobre as seguintes questões e use-as para desenvolver suas habilidades na criação de uma impressão positiva.

1. **Do que você precisa para criar uma primeira impressão positiva?**
   a) Dizer às pessoas o que quer que elas acreditem sobre você. ❏
   b) Comportar-se com autenticidade, levando em consideração o contexto e a situação. ❏
   c) Representar a pessoa que quer ser considerada. ❏
   d) Adotar uma abordagem "o que você vê é o que eu sou" e deixar isso ao acaso. ❏

2. **Qual das opções abaixo é *incorreta* como um modo de causar uma primeira impressão?**
   a) Considerar minha aparência (vestuário e arrumação) apropriados. ❏
   b) Criar afinidade e ser coerente com a situação. ❏
   c) Demonstrar autenticidade e confiança em mim mesmo. ❏
   d) Agir como se fosse a pessoa que quero ser. ❏

3. **Os apertos de mão são muito importantes na criação da primeira impressão. Como você deve apertar a mão de alguém?**
   a) Oferecer pouca resistência de modo que o outro possa determinar a força do aperto de mão. ❏
   b) Não gosto de aperto de mãos, portanto, tento evitá-lo. ❏
   c) Assumir a abordagem "firme", de maneira que saibam que estou confiante. ❏
   d) As minhas mãos costumam suar, por isso, tento minimizar o contato. ❏

4. **Quando entra numa sala pela primeira vez, talvez para se encontrar com um possível empregador, como você pode comandar o espaço?**
   a) Batendo e entrando sem ser convidado, a fim de mostrar minha confiança. ❏
   b) Imediatamente comentando sobre o tempo (bom, ruim, indiferente) para mostrar que sou amigável. ❏
   c) Respondendo confiantemente aos pedidos que me são feitos para sentar, falar e fazer perguntas. ❏
   d) Ficando calado e aguardando instruções antes de fazer um gesto. ❏

5. **Qual das afirmações abaixo é propensa a criar uma má impressão quando não há canais visíveis de comunicação?**
   a) Garanto que as minhas comunicações escritas sejam gramaticalmente corretas e de qualidade elevada. ❏
   b) Sorrio ao telefone sabendo que isso será transmitido na minha voz. ❏
   c) Uso texto porque é rápido e fácil. ❏
   d) Garanto que o meu currículo seja sucinto e aponte minhas capacidades e realizações. ❏

6. **Entrevistas que usam perguntas abertas são projetadas para checar a "química" entre você e seus potenciais empregadores. Qual afirmação define *incorretamente* as perguntas abertas?**
   a) Elas são projetadas para levá-lo a falar mais de você mesmo. ❏
   b) Elas começam com "Quem?", "O quê?", "Onde?", "Quando?" e "Como?". ❏
   c) Elas são armadilhas que o incentivam a dizer coisas que não quer! ❏
   d) Elas são exploratórias e o incentivam a discorrer sobre seus pontos. ❏

7. **Se você sentisse que poderia possuir uma barreira para ser considerado para um novo emprego, como a diminuiria para igualar suas chances?**
   a) Esperaria que o entrevistador não notasse nem comentasse. ❏
   b) Se eles mencionassem, eu negaria que seria um problema. ❏
   c) Eu seria sincero quanto à barreira percebida e explicaria por que isso não seria um obstáculo à minha adequabilidade. ❏
   d) Eu apontaria que é politicamente incorreto ou ilegal focar nesse assunto. ❏

8. **Qual afirmação é incorreta na descrição de como comunicar não verbalmente o comportamento assertivo?**
   a) Por meio da postura e de gestos bem definidos. ❏
   b) Aproveitando toda oportunidade para me levantar e criar uma hierarquia física em meu favor. ❏
   c) Sentando-me ligeiramente inclinado para a frente para transmitir interesse. ❏
   d) Falando clara e fluentemente. ❏

9. Se estivesse sendo entrevistado e o entrevistador não lhe fizesse as perguntas que você gostaria de responder, como lidaria com isso?
a) Eu lhe daria uma lista de perguntas que gostaria que ele fizesse. ❏
b) Daria o *feedback* ao entrevistador de que não me estavam dando a oportunidade de me vender adequadamente. ❏
c) Perguntaria se eu poderia esboçar um projeto que ilustrasse minha adequabilidade para o papel. ❏
d) Eu me sentiria desapontado e desejaria que tivessem sido melhores nessa tarefa! ❏

10. Qual afirmação poderia pôr em risco o aumento da minha confiança?
a) Eu poderia ser positivo quanto às minhas capacidades e realizações. ❏
b) Eu poderia tentar não levar as coisas de forma tão pessoal. ❏
c) Eu poderia tentar visualizar meu sucesso futuro. ❏
d) Eu poderia representar de modo exagerado para transmitir que estava realmente confiante. ❏

QUINTA-FEIRA

Sendo assertivo em público

No capítulo anterior, olhamos para maneiras de criar uma impressão positiva em situações uma a uma: em uma entrevista de emprego, ao telefone e por escrito.

Neste capítulo, vamos focar em como transformar essa primeira impressão transiente numa imagem profissional sólida. Você talvez goste de pensar nisso como sua imagem "de marca". Essa será um amálgama das características, das feições e dos comportamentos que você mostra ao mundo externo. Se quer transmitir sua marca "efetivamente", precisará ser consistente na forma como se retrata. Se tentar coisas novas com demasiada frequência, isso fragmentará sua marca e minará o progresso que fez e a reputação que estabeleceu.

Para ajudá-lo, concentraremo-nos em sua capacidade de comunicar assertivamente em público, entre seus colegas de trabalho e clientes. À medida que cresce em estatura profissional, cada vez mais se encontrará em situações em que muitos pares de olhos o estarão observando. Você ficará visível para uma audiência mais vasta.

Muito do comportamento assertivo a ser descrito será aplicável a mais do que uma área. Aqui, focaremos em três das situações mais encontradas nas quais sua capacidade de comunicar assertivamente colherá grandes recompensas:

- reuniões;
- negociações;
- apresentações.

Reuniões

Em geral, as reuniões são dominadas pelos mais agressivos membros do grupo. Nessas circunstâncias, os frequentadores passivos podem se sentir completamente tomados por incidentes porque se sentem incapazes de intervir e expor seus pontos de vista. Os tipos passivos muitas vezes reverterão ao comportamento passivo/agressivo em tais ocasiões – linguagem corporal "ensurdecedora" e mais do que uns poucos suspiros – ou ficarão silenciosos e se resignarão às decisões tomadas sem sua participação.

Um bom presidente garantirá que a reunião esteja adequadamente orquestrada e que seja dada a todos a oportunidade de contribuir. Muitas vezes, no entanto, essa liderança está infelizmente ausente, e as reuniões ou se passam num ambiente de guerra ou se afastam do ponto e desperdiçam muito tempo.

Para ilustrar sobre como lidar com reuniões assertivamente, vamos olhar para o pior cenário: uma reunião desorganizada dominada por um ou dois tipos agressivos. Vamos apimentar essa imagem com alguns caracteres passivos e passivos/agressivos que estejam alimentando "agendas ocultas".

Após algumas palavras sobre como se preparar para uma reunião, vamos afastar o cenário acima e observar cada componente individualmente:

- assertivo *versus* agressivo;
- assertivo *versus* passivo/agressivo;
- assertivo *versus* passivo;
- assertivo *versus* agenda oculta.

Preparando-se para uma reunião

Antes de aparecer em uma reunião, certifique-se de ter uma cópia da agenda e de entender completamente por que a reunião foi convocada.

Leve consigo toda a informação de apoio de que provavelmente necessitará. Se não estiver claro por que um item em particular foi incluído na agenda, pergunte antes.

Certifique-se de saber onde ocorrerá a reunião e chegue no horário. Você perderá credibilidade se chegar atrasado, confuso ou fracamente preparado, e então será muito mais difícil dar uma contribuição assertiva e construtiva.

Assertivo *versus* agressivo

Comecemos lidando com o componente agressivo da reunião. O comportamento agressivo funciona muitas vezes a curto prazo. Ele intimida e controla aqueles que o receiam, e muitos o receiam de fato. No entanto, não compensa adotar o comportamento agressivo como uma estratégia de longo prazo. Os colegas acabarão por se zangar.

A nítida falta de consideração e respeito exibida pela pessoa agressiva levará, no final, a respostas debilitantes e desprovidas de cooperação. Uma vez que se perdeu o compromisso, o agressor não encontra um caminho a seguir.

O uso de comportamento assertivo nessas circunstâncias pode, no entanto, conduzir o agressor rumo a um reino mais saudável da comunicação. Eis como:

Quando for confrontado com o comportamento agressivo, fique calmo, respire profundamente e saiba que os outros na reunião apontarão para você. Uma palavra de atenção, contudo: ao adotar-se o comportamento assertivo, você assume a responsabilidade por si mesmo, não pelos outros; portanto, não fale pelo grupo, fale por você. Utilize "eu" no discurso.

Pode ser que você tenha de dar conta de raiva, críticas e insultos antes de conseguir começar a influenciar a comunicação. Lembre-se, porém, de que o comportamento agressivo é um comportamento frágil. Seja confiante, você consegue dar conta.

Aqui está uma lista de verificação para lidar com o comportamento agressivo:

- Esteja calmo, escute atentamente.
- Inspire fundo e procure uma oportunidade para falar. Se precisar interromper, tente captar o olhar do orador e faça sinal de que deseja contribuir. Se o orador estiver firmemente decidido a evitar o contato visual, chame pelo seu nome educadamente e declare sua intenção de contribuir.
- Equipare o volume da sua interrupção ao volume da voz do orador.
- Assim que tiver conseguido entrar no diálogo, reconheça o que acabou de ser dito, depois comande com uma declaração como: "Entendo o que você está dizendo, mas sinto que poderíamos conseguir mais se...".
- Se você for descartado, repita seu comentário de modo diferente. Repita assertivamente até ser escutado.
- Assim que você tiver abertura, pode achar que precisa fazer uma interrupção para voltar atrás e recomeçar. Nesse caso, erga a mão para dar sinal para interromper. Usar o nome da pessoa aumenta o poder do seu gesto.
- Resuma e confirme seu entendimento de um ponto ou acordo antes de prosseguir.
- Se não tiver êxito em mostrar a sua ideia, registre o fato. Por exemplo: "Sei que você está empenhado em avançar muita coisa nesta reunião, mas ainda sinto que...".
- Mantenha a dignidade mesmo que fique frustrado, e afirme-se novamente numa ocasião posterior. A persistência de fato vence no final, e você se tornará mais eficaz cada vez que usar o comportamento assertivo.

Assertivo *versus* passivo/agressivo

O comportamento passivo/agressivo é característico da "vítima relutante". Ele pretende ser manipulador. Uma pessoa pode ficar zangada consigo mesma por entregar seu poder, portanto, faz isso contrariada. Esse tipo de comportamento provoca um ambiente ruim, ressentimento, embaraço e confusão. Muitas vezes, uma coisa é dita, mas a mensagem é completamente diferente. Por exemplo:

Gerente: "Nosso melhor cliente acabou de fazer uma encomenda, você se importaria de processá-la de imediato?"
Assistente de vendas (sarcasticamente)**:** "Claro, sem problema. Tenho todo o tempo do mundo!"

O comportamento passivo/agressivo é sutilmente dissimulado. Em uma reunião, pode-se exibi-lo por meio de linguagem corporal ostensiva – virar os olhos para o alto, não parar quieto na cadeira ou bater impacientemente com a caneta na mesa.

Aqui estão algumas ideias para lidar com o comportamento passivo/agressivo:

- Exponha a mensagem "oculta", seja verbal ou não verbal. Por exemplo: "Vejo que você tem um sentimento negativo quanto a isto. Você se importaria de discutir abertamente sua objeção?".
- Pergunte quais os pensamentos das pessoas sobre o tópico da disputa óbvia.
- Escute ativamente e responda.

A pessoa passiva/agressiva tem diversas opções quando seu comportamento é exposto. Ela pode ficar à altura do desafio e se redimir; começar logo por negar enviar a mensagem, reivindicando que você é paranoico; ou ficar na defensiva. A primeira opção é obviamente a melhor estratégia, as outras duas irremediavelmente enfraquecerão sua reputação aos olhos dos outros.

Assertivo *versus* passivo

O comportamento passivo tenta gerar sentimentos de simpatia nos outros. É tão manipulador quanto o comportamento passivo/agressivo, mas pretende ser virtuoso. As pessoas passivas têm muito pouco amor-próprio, elas não são responsáveis por elas mesmas e têm a tendência de ser espezinhadas porque têm medo de dizer "não" e de ser rejeitadas.

Uma característica distinta de uma pessoa passiva é o uso do silêncio. Às vezes, isso pode prosseguir por muito tempo e habitualmente encobre um diálogo na mente dela baseado em "vitimização" ("Por que você está implicando comigo?" ou "Gostaria que você se calasse e me deixasse fora disso!").

Lidando com o comportamento passivo

Lidar com uma pessoa passiva não é diferente de lidar com alguém que seja passivo/agressivo. Primeiro, exponha as abdicações dela: "Eu não tenho certeza da sua posição quanto a este assunto; pode me dizer quais são seus sentimentos?" (note o uso do pronome "eu" na afirmação e a pergunta "aberta": "Quais?").

Contraponha silêncio com silêncio. É preciso ser uma pessoa extremamente passiva para permanecer emudecida diante de um olhar fixo silencioso e da espectativa, especialmente se todos na reunião estiverem empenhados na mesma tática. Assim que começar a falar, use suas habilidades de escuta ativa para incentivar a continuidade.

No entanto, se perder a paciência com o silêncio deles, repita seu comentário ou tente uma abordagem diferente se achar que isso ajudará. Se chegar a um ponto de exasperação, informe a pessoa passiva de que você terá de deduzir os sentimentos dela se não estiver preparada para partilhá-los e de que terá de proceder de acordo com suas deduções. Convide-a a apoiá-lo no seu curso de ação.

Assertivo *versus* agenda oculta

Inevitavelmente, você cruzará com pessoas que jogam com as cartas muito encostadas ao peito, especialmente em organizações em que as políticas internas são proeminentes. Nessas culturas, as pessoas estão sempre na defensiva, protegendo-se de exploração ou desvantagens. Às vezes, esse medo é imaginário, outras vezes, é real, mas, seja qual for a causa, você precisará de técnicas comuns para lidar com ele.

Identificar agendas ocultas

Você provavelmente será capaz de identificar os "animais políticos" entre os seus colegas porque o comportamento deles parecerá inconsistente. Aparentemente, eles mudarão sua opinião ou abordagem sem razão, deixando um rastro de confusão e incerteza atrás deles. Assim que esse estilo errático captar sua atenção, observe a interação de circunstâncias e tente identificar o provável ganho político, e quase sempre pessoal, que está sendo buscado. Você então poderá estar próximo da motivação real daquela pessoa.

Coincidências significativas que beneficiem um indivíduo usualmente não ocorrem sem alguma ajuda. Procure por coincidências, portanto, e identifique os beneficiários. Com a percepção tardia do que deveria ser feito, a agenda oculta pode de repente lhe ser revelada, e comportamentos confusos passados e prévios caberão no contexto. Esse conhecimento é útil, é poder. Não tente atacar o indivíduo. As agendas ocultas, por sua natureza, podem sempre ser negadas, e você acabará parecendo louco ou paranoico.

Provavelmente, valerá a pena testar sua teoria prevendo a reação que é de esperar dos seus colegas em determinadas circunstâncias. Se, quando essas circunstâncias ocorrem, sua previsão se confirma, é provável que a agenda oculta seja o que você suspeitava. Caso contrário, repense: talvez você *esteja* paranoico!

Planejar sua abordagem

Tendo entendido a motivação íntima de um colega, você terá uma imagem clara de onde você se encaixa no padrão das coisas. Isso lhe permitirá planejar sua própria abordagem. Poderia ser relevá-las, claro, se você escolher não ficar envolvido na política da organização; ou pode ser uma opção estratégica – a escolha, como sempre, é sua.

Agendas ocultas: checklist

Aqui está um checklist para identificar uma agenda oculta:

- Examine as coincidências que beneficiam uma pessoa ou um grupo específico de pessoas.

- Esteja atento ao comportamento inconsistente – isso pode assumir a forma de um relacionamento inusitado, mensagens não verbais ou uma súbita e inexplicável abdicação da responsabilidade.
- Dirija suas observações para o contexto usando a percepção do que deveria ter sido feito; isso pode ajudá-lo a identificar especificamente a "agenda oculta".
- Teste sua teoria do modo mais inócuo e anônimo possível.
- Provavelmente, é melhor preservar seu próprio parecer. Você poderá ser capaz de ter mais vantagens dessa maneira.
- Se for confrontar alguém quanto à sua agenda privada, esteja absolutamente certo de seu argumento e de que consegue lidar com isso da forma mais assertiva possível.
- Procure uma motivação – se você de repente for a atração do mês para alguém reconhecidamente ambicioso, questione-se por quê.
- Fique esperto – seria ingenuidade pensar que agendas ocultas não estão sendo empreendidas em algum lugar da sua organização.

Negociações

Há algumas regras muito simples para se conduzir efetivamente – e assertivamente – nas negociações.

As negociações podem cair em diversas categorias. Primeiro, há aquelas que têm lugar no ambiente de trabalho com outra pessoa, como o seu patrão, um colega ou um membro da sua equipe. Quando se sobe de escalão, a sala de reuniões muitas vezes testemunha negociações entre vários colegas cujas perspectivas residem em campos diferentes. Depois, há aquelas conduzidas por duas partes oponentes. Quando essas duas partes não conseguem concordar, elas podem recorrer aos serviços de um árbitro ou mediador.

Qualquer que seja a situação – seja a simples resolução de um problema, seja uma reunião em larga escala entre administradores e um sindicato – as regras básicas para uma negociação bem-sucedida são as mesmas. Com maior frequência, é meramente uma questão de escala.

A negociação na prática

Eis os passos básicos para negociar com êxito:

- Saiba exatamente o que você deseja alcançar e esteja absolutamente certo sobre o nível de sua autoridade e sobre a de seu oponente.
- Seja assertivo e use linguagem corporal positiva.
- Tenha certeza de que entende o ponto de vista do outro.
- Transmita seu próprio ponto de vista com clareza e declare o resultado desejado.
- Procure áreas comuns para reforçar interesses mútuos e desenvolver um compromisso para uma resolução satisfatória.
- Escute ativamente e demonstre entendimento ao longo da discussão.
- Nunca blefe, não invente histórias, não manipule nem minta.
- Jamais ofereça algo que não consiga entregar.
- Caso se sinta pressionado, peça um intervalo.
- Comunique suas propostas clara e concisamente e estabeleça as da outra parte.
- Resuma as áreas de divergência e explore a extensão delas, identifique os itens em que o entendimento é possível.
- Tendo diluído a principal área de disputa, discuta quaisquer concessões que ambos estejam preparados para fazer.
- Resuma, concorde e confirme por escrito.

Apresentações

As apresentações levam o medo ao coração de muitos administradores, qualquer que seja sua graduação. Num tablado, o profissional fica mais visível e exposto, então, sua imagem pode ficar em destaque, intacta ou em farrapos.

Comumente, você será avisado antecipadamente sobre a exigência de fazer uma apresentação, e também terá, portanto, tempo para se preparar e praticar para a ocasião.

Os dois pontos mais importantes são: *preparar* e *praticar*.
Aqueles que têm um dom "natural" para fazer apresentações são a exceção, não a regra. A maioria dos bons apresentadores é boa somente porque investiu tempo em preparação e prática. Todos conseguem se tentar – e todos podem usufruir da experiência.

Não há nada de mais satisfatório do que a aura de sucesso quando você desce do tablado após ter feito uma apresentação excelente. Vale realmente a pena investir tempo e energia para acertar.

Evidentemente, muito foi escrito sobre habilidades de apresentação, e é óbvio que não se pode fazer justiça ao assunto em alguns curtos parágrafos. No entanto, a seguir há alguns apontamentos para ajudar você a acrescentar esse modo de comunicação ao conjunto de ferramentas de assertividade que você está acumulando.

Preparação e prática

- Certifique-se de que entende o propósito da apresentação.
- Tenha uma impressão clara da sua audiência, seu nível e suas expectativas; isso lhe permitirá preparar adequadamente sua apresentação.
- Prepare sua palestra:
  - **Princípio** – transmita-lhes o que vai dizer.
  - **Meio** – diga.
  - **Fim** – diga-lhes o que lhes transmitiu.
- A maioria das pessoas apenas vai reter três pontos.

- Prepare suporte visual:
  - **Projetor de** *slides* – devem ser em negrito, nítidos e nunca mais extensos do que um parágrafo.
  - **Folhetos** – podem conter mais informações detalhadas e cópias dos seus *slides*.
  - ***Slides*** **de 35 mm** – nem sempre são vantajosos, já que você tem de fazer a apresentação numa sala às escuras.
  - **PowerPoint** – melhorou o padrão das apresentações e o nível de expectativa em todo lugar. Estão disponíveis efeitos de som e animação, mas certifique-se de que reforcem sua mensagem. Igualmente, sinta-se confortável com a tecnologia, em especial se estiver projetando sua apresentação de um *laptop* para um telão. Se você se conectar cedo demais, sua audiência será capaz de ver enquanto você busca o arquivo e abre sua apresentação.
- Prepare um conjunto de cartões com lembretes-chave, fatos ou nomes difíceis para ajudá-lo se estiver nervoso.
- Pratique – diante de um espelho, de colegas, amigos e família. Certifique-se de que controla bem o tempo e sua audiência, para que evite perguntas embaraçosas a você.

Fazendo a apresentação

- Use roupas limpas, confortáveis e discretas. Do contrário, sua audiência prestará mais atenção ao seu vestuário do que àquilo que você tem para dizer.
- Chegue com bastante antecedência, familiarize-se com o equipamento e verifique se os *slides* estão na ordem correta.
- Certifique-se de ter um copo de água à mão caso sua boca fique seca.
- Se estiver usando apontadores luminosos, telescópicos ou controles remotos de infravermelho, pratique (tenha cuidado com as oscilações).
- Relaxe, usando quaisquer meios que mais se ajustem a você.
- Diga à sua audiência o que espera dela em termos de interrupções, discussões ou perguntas; você pode preferir recebê-las conforme avança ou deixá-las para o fim.
- Usufrua da sua palestra, mas permaneça atento: é muito fácil ser levado a baixar a guarda e dizer algo comprometedor. Se não souber responder a uma pergunta, seja honesto quanto a isso e diga à pessoa que o questionou que tratará de se informar e lhe passará a resposta mais tarde.
- Tente evitar piadas enquanto não for um orador experiente.
- Não fale de modo paternalista para a sua audiência, mas, igualmente, não assuma que eles entendem os detalhes técnicos do seu tema.

- Faça uma pausa de vez em quando. Isso é uma *performance*, e as pausas são úteis para o efeito dramático – e boas para organizar seus pensamentos.
- Evidentemente, use linguagem assertiva e postura corporal.

Resumo

Nesta etapa, você já deve ter começado a juntar algumas ferramentas úteis para desenvolver suas capacidades de assertividade. Você pode ter tido uma chance de praticar algumas dessas técnicas e descoberto que elas realmente funcionam. Esses primeiros êxitos devem aumentar sua confiança e inspirar seu entusiasmo para aprender mais, assumir o controle e ter a coragem de estabelecer seus próprios objetivos.

Agora que temos cerca de dois terços da semana percorridos, poderá valer a pena checar seu progresso para ver em que ponto você está com suas aspirações de assertividade e o que ainda falta fazer. Você poderia, por exemplo, pedir *feedback* de um ou dois dos seus amigos ou colegas de confiança.

É muito fácil retroceder se algo não corre segundo os planos, portanto, encontre algum apoio para ampará-lo nesses momentos.

Você pode anotar suas experiências e seu aprendizado. Isso garantirá que tudo permaneça no consciente, que é onde você precisa que isso esteja se quiser assumir o comando de suas próprias habilidades de comunicação.

Perguntas (respostas no final)

Pense sobre as seguintes questões e use-as para desenvolver suas habilidades na criação de uma imagem pública.

1. **Qual afirmação é *incorreta* a respeito de como você deveria construir sua marca?**
   a) Eu construo minha marca em grupo ou reuniões de departamento. ❏
   b) Eu construo minha marca com clientes e fornecedores. ❏
   c) Eu construo minha marca entre os meus colegas que têm perícia igual à minha. ❏
   d) Não construo minha marca, ela se constrói por si mesma. ❏

2. **Quando você dirige reuniões, qual afirmação sugeriria sua assertividade?**
   a) Entrego as coisas em tempo. ❏
   b) Em ação clara, deixo pontos alocados aos membros apropriados da equipe. ❏
   c) Recorro à criatividade da equipe e à sua capacidade em resolver problemas. ❏
   d) Sempre termino com os pontos de ação! ❏

3. **Quando você completou uma negociação, que resultado sugeriria sua assertividade?**
   a) Fiz demasiadas concessões. ❏
   b) Não fui escutado ou entendido. ❏
   c) Alcancei uma situação de vencedor em qualquer aspecto. ❏
   d) Não conheço nem entendo a posição e os objetivos da outra parte. ❏

4. **Qual afirmação sobre o comportamento passivo/agressivo é *falsa*?**
   a) As pessoas concordam (sem convicção) e depois não empreendem nenhuma ação – ou sabotam o resultado. ❏
   b) Muitas vezes, a linguagem corporal é "estridente" na sua mensagem de que a pessoa quer estar em qualquer lugar, menos na reunião. ❏
   c) O comportamento passivo/agressivo usa o sarcasmo. ❏
   d) O comportamento passivo/agressivo é uma contradição de termos e não existe. ❏

5. Qual é o passo *errado* a dar quando você está se preparando para uma reunião?
a) Certificar-se de que todos sabem onde é a reunião, a que horas vai ocorrer e quanto demorará. ❏
b) Garantir que uma agenda foi posta em circulação e se previnir com antecedência sobre qualquer preparação que tenha de ser feita. ❏
c) Assegurar que sejam feitas minutas e que elas circulem. ❏
d) As reuniões são melhores quando são convocadas espontaneamente para abordar um assunto emergente. ❏

6. Qual é o efeito do comportamento agressivo em uma reunião? Identifique a afirmação *falsa*.
a) Arruína o objetivo da reunião. ❏
b) Acrescenta uma gota de excitação aos procedimentos e incentiva a todos para contribuir. ❏
c) Pode ser efetivo no curto prazo. ❏
d) As pessoas podem ficar receosas do agressor e deixar de contribuir. ❏

7. Quando em confronto com comportamento agressivo, o que você *não* deveria fazer?
a) Ficar tranquilo e escutar atentamente. ❏
b) Reconhecer o que está sendo dito e oferecer sua própria perspectiva. ❏
c) Discutir com a pessoa agressiva e tentar convencê-la de que está errada. ❏
d) Se seu comentário for descartado, insistir de maneira diferente. ❏

8. Qual estratégia é *improvável* de ser usada por pessoas passivas/agressivas para evitar assumir a responsabilidade?
a) Elas podem dizer que você está paranoico. ❏
b) Elas podem negar que você tenha lido corretamente os sinais. ❏
c) Elas podem fingir concordância e sabotar seu plano adiante. ❏
d) Elas podem pedir desculpas, dizer que você as entendeu corretamente e assumir uma posição diferente. ❏

9. Na eventualidade de suspeitar que alguém tem uma agenda oculta, o que você deveria fazer?
a) Acusá-lo de tentar "passar uma rasteira" em você. ❏
b) Mencionar que você notou que ele tentou conquistar o favor de superiores. ❏
c) Montar uma "armadilha" para ver se ele cai nela. ❏
d) Dar-lhe *feedback* sobre seus sentimentos e pedir-lhe que esclareça suas motivações. ❏

10. Qual boa prática você deveria adotar à medida que entra no mundo das apresentações?
a) Contar umas "boas" piadas para fazer a audiência rir e ficar "do seu lado". ❏
b) Dizer como você está nervoso porque odeia fazer apresentações. ❏
c) Ser técnico para mostrar o quanto você sabe. ❏
d) Ensaiar para se acostumar à sua própria voz e ao tempo da sua apresentação. ❏

SEXTA-FEIRA

Linguagem corporal

A noção de "linguagem corporal" atraiu muita atenção e muito interesse. É tentador pensar que as palavras são o fator mais importante para transmitir mensagens; porém, como vimos, as palavras formam apenas uma pequena parte das mensagens que são trocadas. Para reconhecer a verdade disso, você apenas tem de pensar num mímico que aperfeiçoou a arte de comunicar usando o corpo. Igualmente, pense naquelas pessoas que ficam muito paradas quando se comunicam. Às vezes, é difícil "lê-las" claramente, o que pode levar a interpretações errôneas e a equívocos.

Neste capítulo, vamos olhar para as formas de linguagem corporal que têm o maior impacto sobre os outros. Este não é, de modo algum, um estudo exaustivo sobre o assunto, mas maximizará o efeito que você pode criar quando se comunica assertivamente.

As seguintes áreas abrangerão a aprendizagem deste capítulo:

- linguagem corporal assertiva;
- uso de gestos;
- desenvolvimento da afinidade;
- uso da linguagem verbal;
- interpretação da linguagem corporal.

O seu corpo pode realmente falar mais alto do que as palavras.

Linguagem corporal assertiva

Já que o seu corpo transmite uma grande parte do que você está comunicando, vale a pena investir um tempo nessa área e considerar o que transmitimos com os nossos corpos e como podemos ser sabotados por ele.

É um exercício útil "observar o corpo" – mas tente ser discreto. Você notará que, quando duas pessoas estão absorvidas numa conversa excitante, elas estão completamente inconscientes dos seus corpos (a não ser que a conversa esteja orbitando em torno de sexo, claro; caso em que estaremos *muito* conscientes dos nossos corpos!). Usamos os nossos corpos no nível inconsciente para enfatizar pontos ou transmitir mensagens secundárias.

O comportamento assertivo é distinguido pela continuidade entre o verbal e o não verbal. Em outras palavras, seu corpo reflete precisamente o que você está dizendo quando está em "modo assertivo" – ele é congruente com a intenção por trás da sua mensagem.

Por causa do tempo e do espaço restritos aqui, neste tópico apenas abordaremos os aspectos mais potentes da linguagem corporal:

- espaço pessoal;
- postura;
- sentidos.

Espaço pessoal

Todos carregamos uma zona de exclusão em torno de nós, que varia de tamanho na proporção direta das nossas circunstâncias, do nosso propósito e do nosso nível de conforto. Como ponto de interesse, você pode habitualmente medir o tamanho do espaço pessoal de alguém pela extensão do ponto focal dessa pessoa.

Ponto de aprendizagem I. *Se não incluímos as pessoas no nosso espaço pessoal, é quase impossível influenciá-las.*

Note como você "se fecha" quando se aproxima alguém de quem não gosta, ou se alguém sobre quem você não está seguro se aproxima rápido demais. Tenho certeza de que todos tivemos a experiência de nos afastarmos de alguém à medida que ele insistiu em ultrapassar nosso espaço pessoal, até que o passo seguinte nos faz saltar janela afora ou para dentro de um armário.

Lembre-se, igualmente, de um momento em que você fazia parte de uma grande audiência e o apresentador ou artista o fez sentir-se como se fosse a única pessoa na sala. Isso aconteceu porque eles estenderam o espaço pessoal deles a fim de incluir você.

Note como você usa seu próprio espaço, e como age diversamente com família, colegas e autoridades. Como exercício, pratique desenhar seu espaço até que suas fronteiras se encontrem com o corpo. Depois, tente preencher uma sala com sua presença expandindo seu espaço. Você consegue fazer isso alterando seu ponto focal e concentrando-se nas paredes. Acompanhe isso com uma visualização de si mesmo como uma pessoa extraordinariamente confiante e influente.

Ponto de aprendizagem II. *Quanto mais espaço você usar, mais impacto terá.*
As pessoas altas tendem a ter uma vantagem natural porque ocupam mais espaço. Todavia, elas são muitas vezes tímidas e retraídas. Isso pode mostrar-se na sua postura, que pode ter os ombros arredondados ou os "pés para dentro".

As pessoas baixas, que talvez não usufruam do mesmo impacto natural, podem compensar sua falta de tamanho expandindo os horizontes do seu espaço e adotando um bom estilo assertivo. De fato, inúmeras pessoas baixas são vistas como mais altas do que são por causa dessa habilidade, tornando-se extremamente bem-sucedidas no processo. Infelizmente, seu estilo de comunicação às vezes supercompensa sua falta de estatura física e elas podem tornar-se agressivas demais.

Há modos de sentar e ficar de pé que parecem "grandes" e causam impacto. Ao adotar algumas das técnicas seguintes, as pessoas baixas podem realmente "crescer" nas percepções dos outros.

Aqui estão algumas técnicas para criar presença:

- **Postura assertiva em pé:** tenha postura ereta e "pense" alto. Tente não trançar as pernas uma na outra ou apoiar seu peso sobre uma perna. Nada destrói mais a imagem do que desmoronar no chão por ter-se desequilibrado!
- Quando você desejar se **comunicar poderosamente,** fique ereto, com os pés apoiados firmemente no chão, corpo centrado, mãos ao lado do corpo. Se é difícil derrubar você fisicamente, será difícil humilhá-lo verbalmente.
- **Sentar-se assertivamente:** transmita confiança usando o máximo de espaço possível quando se sentar. Sente-se com o corpo na diagonal, bem encostado às costas da cadeira, e se incline ligeiramente para a frente. Sente-se como se fosse pequeno e será percebido como "pequeno".

Postura

Sua postura transmitirá uma forte impressão, por isso, é importante que seja adequada.

Todos notarão quem fica de pé de modo ereto e caminha firmemente. Esse é um bom hábito a cultivar. Retrata confiança e autoridade.

As pessoas altas costumam andar curvadas e sempre dizem que é por não caberem nas portas. Contudo, ser alto é uma dádiva invejável, muitos dariam seus dentes caninos para ser altos – portanto, se você for alto, abaixe-se apenas quando necessário. Ande curvado quando for jovem e não terá alternativa senão curvar-se quando for velho.

Pessoas baixas também conseguem caminhar como se fossem altas. De fato, as pessoas abaixo de 1,60 m podem parecer ter 1,80 m se tiverem uma postura boa. Muitas vezes, confundimos tamanho com confiança, por isso, você pode tirar proveito dessa concepção errônea cultivando sua própria estatura pessoal.

Sentidos

Tomar a liberdade de tocar em alguém no ambiente de trabalho transmite superioridade. Um patrão pode dar um tapinha nas costas dos seus funcionários, mas provavelmente não apreciaria se os funcionários fizessem o gesto recíproco. Um tapinha nas costas é um ato de autoridade. Quando permanece sem desafio, uma hierarquia é estabelecida.

Uma boa forma de retornar as coisas a um pé de igualdade é procurar uma oportunidade imediata de tocar-lhes de volta de uma maneira diferente. Você poderá dizer "Desculpe" enquanto tira um cabelo do casaco dele, ou "Você raspou contra algo empoeirado" enquanto dá uma rápida varrida com as costas da sua mão no peito, no braço ou no ombro dele.

O uso de gestos

Os gestos podem ou reforçar sua comunicação ou afastar a atenção do que você está dizendo. Deveriam, portanto, ser usados com cautela para maximizar seu efeito.

Os gestos incluem tudo, desde braços "moinho de vento" (sente-se em cima das suas mãos caso você faça isso) a movimentos quase imperceptíveis do rosto, da cabeça, do torso ou dos braços – raramente envolvem o uso das pernas.

Os gestos mais comuns são feitos somente com as mãos e servem para enfatizar o que está saindo pelos lábios.

O tipo de gestos que você escolhe usar pode indicar algo sobre sua personalidade. Se "socar no ar" mais do que o artisticamente necessário, você parecerá agressivo. Gestos abertos, braços bem-afastados do corpo, podem indicar uma personalidade aberta e afetuosa. Se for muito enérgico e desordenado nos seus movimentos, você parecerá confuso e desorganizado. Isso é especialmente verdadeiro se o estilo do seu vestuário também tende a ser demasiado desarrumado ou informal.

> **DICA** Gestos assertivos tendem a ser moderados. O tempo e a relevância são cruciais. Eles deveriam fluir suavemente e espelhar o mais fielmente possível o que está sendo dito.

Desenvolver afinidade

Criar empatia não depende somente das palavras que você usa. Muito da afinidade é transmitida na sua linguagem corporal.

Se observar duas pessoas conversando entusiasmadamente e desatentas a si próprias, provavelmente notará que seus corpos assumem virtualmente o mesmo comportamento. Por exemplo, ambas podem ter as pernas cruzadas, o cotovelo na mesa e o queixo na palma das mãos. Se elas estiverem bebendo, muitas vezes você perceberá que os copos se esvaziam exatamente ao mesmo tempo. Elas terão *igualado* e *espelhado* o seu comportamento. Se você fizer isso consciente, mas sutilmente, descobrirá que a sua habilidade para aumentar a afinidade terá melhorado muito.

Caso você se encontre em uma conversa desagradável e preocupada e deseje aliviar a tensão, é possível fazer isso também *igualando* e *espelhando* a linguagem corporal do outro. Tendo igualado e mantido a posição corporal por algum tempo, você pode começar a mover seu próprio corpo para uma posição mais relaxada. Logo descobrirá que a outra pessoa começará a espelhar você, e a tensão se desvanecerá. É impossível permanecer agressivo quando se está fisicamente relaxado.

> **DICA**
> Tenha cuidado: se não for suficientemente sutil em suas habilidades de espelhamento e igualação, parecerá que você está imitando o comportamento do outro. Se for essa a impressão criada, será muito difícil fazer correções.

Junte a essa técnica um bom contato visual, habilidades de escuta ativa, acenos de cabeça afirmativos, "Ahans", "Hms" etc. e você será capaz de construir uma boa afinidade com as outras pessoas.

Ser capaz de criar empatia com alguém envolve entender seus sentimentos por se colocar na pele do outro. Isso pode muitas vezes ser alcançado sendo capaz de relacionar o que ele está dizendo com uma experiência similar que você teve. Se você estiver desnorteado, porém, a técnica de espelhamento e igualação pode ser usada para engendrarem você com os mesmos sentimentos que estejam sendo vivenciados pela outra pessoa. Se a outra pessoa perdeu a confiança, por exemplo, e assume a posição fetal, experimente-a você mesmo e veja que emoções ela suscita. Você provavelmente entenderá melhor os sentimentos dela e será capaz de criar empatia mais efetivamente.

O uso da linguagem verbal

As palavras que escolhemos e a forma como construímos frases podem auxiliar-nos no processo de criação da afinidade.

Para ilustrar isso, pense na maneira como falamos com as crianças. Estamos constantemente refletindo de volta para elas as palavras que elas mesmas usam. Tem de ser dito que, às vezes, nós diminuímos seus intelectos, mas, não obstante, o princípio é o mesmo. Escute o tipo de palavras usadas pela pessoa com quem você está tentando criar afinidade e reflita esse estilo de linguagem de volta para ela.

Um administrador frequentemente usa uma linguagem característica que está relacionada à função ou à especificidade do seu papel. Finanças, informação tecnológica, manufatura, projeto e desenvolvimento, todos têm sua própria linguagem. Se você usar essa linguagem de volta para esses especialistas, eles se sentirão confortáveis com seu estilo. Use uma linguagem diferente e eles se sentirão alheios.

Aqui estão alguns exemplos de compatibilidade de linguagem:

- A linguagem de um **financeiro** inclui palavras como: balanço, residual, capital, investimentos, crédito etc.
- Algumas das palavras seguintes seriam usadas por um **tecnólogo da informação**: lógica, imagem, capacidade, rede, *hardware*, *upgrade* etc.

A mesma frase pode ser construída diversamente para cada audiência:

- Para o **financeiro**: "Como *balanço*, acho que seria *crédito* nosso…".
- Para o **tecnólogo da informação**: "Pareceria a abordagem mais *lógica* fazer um *upgrade* da sua *imagem* por…".

E, para um ***designer* visionário** cuja linguagem possa incluir palavras como ver, impacto, estilo, cor, criar, proporção, impressão etc., diga: "Posso ver que conseguiríamos *criar* a melhor *impressão* com…".

Interpretando a linguagem corporal

ATENÇÃO: Esta não é uma ciência exata.

Quando observar em alguém os sinais reveladores de uma mensagem oculta, não envolva apenas seu cérebro mas também empenhe seus sentidos. As pessoas frequentemente pensam que estão a par dos segredos íntimos dos outros, mas você teria de ser telepata para realmente sabê-los.

No entanto, aqui estão algumas diretrizes para interpretar a linguagem corporal:

- **Esteja consciente do ambiente** no qual você está fazendo sua observação. Se for frio, seu colaborador pode ter a maxila tensa ou os braços fortemente cruzados. Nessas circunstâncias, ele *pode não* estar nervoso ou agressivo – ou então, até *pode* estar.
- **Observe qualquer "vazamento"**. Um exemplo de vazamento é alguém que esteja controlando seus nervos extremamente bem, mas subconscientemente deixa escapá-los por meio dos dedos de algumas ações como pés se mexendo muito na ponta dos sapatos, músculos tensos em torno do maxilar, dentes rangendo, chacoalhando moedas no bolso e joelhos tremendo. Como seres humanos capazes, nós temos muitos desses meios de vazão.
- Acima de tudo, procure por **descontinuidade** e **coincidência**. Se alguém está reivindicando seu apoio inequívoco abanando a cabeça enquanto faz isso, proteja-se. Se alguém diz "Eu nunca minto" ao mesmo tempo em que abana o dedo para os dois lados, suspenda sua crença nessa pessoa por um tempo e fique observando-a de perto. Esse pode ser um gesto de negação. Se alguém diz "Não estou interessado em marcar pontos com o patrão" e, no entanto, está coincidentemente perto dele nos momentos mais carregados politicamente, cuide para não sofrer um acidente.

- **Olhe nos olhos das pessoas** – soa óbvio dizer que as pessoas olham para onde seu interesse está, mas, às vezes, durante um momento irrefletido, é interessante notar exatamente para onde ou para quem seu olhar está direcionado.
- Às vezes, é mais fácil **identificar linguagem "anticorporal"** – as pessoas tendem a ser muito claras quando não gostam de alguém. Você pode ver isso nos olhos delas e na forma como orientam o corpo afastando-o do objeto do seu desafeto. Isso é o oposto do espelhamento. Às vezes, sua completa e habitual saída da cena entrega o jogo delas.

QUE GESTO DE BOAS-VINDAS BIZARRO!

Quando as pessoas gostam umas das outras, elas ficam próximas – naquele espaço corporal pessoal que criamos em torno de nós. Elas podem tocar-se, têm muitas vezes um bom e prolongado contato visual, sorriem, reforçam e refletem o comportamento uma da outra. Às vezes, você tem consciência da "química" quando não há quaisquer sinais corporais identificáveis. É interessante observar esse comportamento e especular sobre o que causa esse efeito.

Resumo

Neste capítulo, olhamos brevemente para um auxiliar muito poderoso da comunicação – e da interpretação da comunicação. Aprendemos que o corpo não vai mentir para você. Se há alguma incongruência entre sua mensagem e sua intenção, ele achará seu caminho para a superfície por meio do "vazamento". Isso torna sua motivação (e a dos outros) visível, muito mais visível do que você provavelmente pensaria.

Seu corpo, incluindo seus olhos e sua voz – não as palavras –, comporta cerca de 90% de qualquer mensagem que você esteja tentando transmitir. Por ser a proporção tão grande, esse aspecto da comunicação tem um potencial poderoso. Se usar sua linguagem não verbal com perícia, você perceberá que seu nível de controle aumenta significativamente. Tenha atenção, porém, para não tratar desse aspecto da comunicação como se fosse um código definitivo. Lembre-se de inseri-lo no contexto de modo que qualquer risco de interpretação equivocada seja minimizado. Igualmente, esteja consciente de que você pode estar buscando confirmação de uma história ou fantasia que mantém sobre alguém. Isso resultará em você forçar o resultado de sua análise para se adequar a uma conclusão premeditada, a qual "enlameará a água" das suas comunicações.

Contudo, agora você deve estar mais consciente e, com mais informação, deve ser capaz de observar o corpo.

Aproveite a observação do corpo!

Perguntas (respostas no final)

Pense sobre as seguintes questões e use-as para desenvolver sua linguagem corporal:

1. **A linguagem corporal é um canal poderoso de comunicação. Qual das seguintes afirmações é verdadeira?**
   a) Comunicar sem o canal visual (sem ver o corpo do comunicador) pode ser mais revelador. ❏
   b) Por definição, os gestos distraem e são equívocos. ❏
   c) A maior parte da mensagem está contida nas palavras usadas. ❏
   d) Tom, frequência e volume de voz são considerados parte da linguagem corporal. ❏

2. **Quando alguém, no ambiente do trabalho, lhe dá um tapinha nas costas para estabelecer sua superioridade, o que você pode fazer para compensar o equilíbrio?**
   a) Afastar a mão dele e dizer-lhe que não lhe agrada o seu toque. ❏
   b) Dar-lhe um tapinha de volta imediatamente e da mesma maneira. ❏
   c) Encontrar uma oportunidade de fazer contato físico de uma maneira diferente, porém apropriada. ❏
   d) Pôr-se de pé numa cadeira para fazê-lo sentir-se pequeno! ❏

3. **Os gestos são úteis para realizar o quê?**
   a) Chamar a atenção para si. ❏
   b) Maximizar o drama da sua mensagem. ❏
   c) Enfatizar o que você está dizendo. ❏
   d) Distrair as pessoas do que você está realmente dizendo. ❏

4. **Criar empatia com o outro é muito útil na construção de afinidade. O que você pode fazer para estabelecer uma conexão inicial com alguém?**
   a) Dizer-lhe o que acha que ele deveria sentir. ❏
   b) Espelhar e igualar sua linguagem corporal. ❏
   c) Partilhar sua história com ele, assumindo que sua experiência se igualará à dele. ❏
   d) Dizer: "Sei como você se sente!". ❏

5. **A maioria das pessoas usa sua própria linguagem em suas comunicações. Se você quer criar afinidade, o que pode fazer para estabelecer uma conexão com elas?**
   a) Usar sua própria linguagem característica para atrair a atenção delas para a sua mensagem. ❏

b) Reflitir de volta uma linguagem semelhante à delas. ❏
c) Dizer que não entende o que elas estão dizendo e pedir-lhes para falar em português. ❏
d) Pegar num dicionário e fingir estar procurando as palavras. ❏

6. A linguagem corporal pode ser usada para ajudar na interpretação da mensagem de alguém. Qual é o segredo da linguagem corporal?
a) É uma ciência exata e o código é bem conhecido. ❏
b) Ela aponta para o que está acontecendo sob a superfície. ❏
c) Ela lhe permite encobrir o que você está realmente dizendo. ❏
d) Ela lhe permite perceber quando alguém está mentindo. ❏

7. Em termos de linguagem corporal, o que é "vazamento"?
a) A secreção de desagradáveis fluidos corporais. ❏
b) A liberação do estresse em pequenos movimentos repetitivos. ❏
c) Cuspir e gaguejar durante o discurso. ❏
d) Desculpar-se repetidamente por ter de ir ao toalete. ❏

8. Que técnicas você pode usar ao telefone para transmitir os sinais que seu corpo enviaria caso estivessem cara a cara?
a) Fazer gestos exagerados para compensar o fato de não estar diante do outro. ❏
b) Assinalar o que se está passando com você: "Fiquei calado porque me distraí por um momento". ❏
c) Falar mais alto. ❏
d) Aproveitar sua invisibilidade para se sentar e colocar os pés na mesa. ❏

9. O que você nota quando duas pessoas estão absortas numa conversa excitante?
a) Falam ambas ao mesmo tempo. ❏
b) Elas se espelham e igualam uma à outra. ❏
c) Cada uma concorda com tudo o que a outra diz. ❏
d) Terminam as frases uma da outra. ❏

10. As pessoas altas têm vantagem porque...
a) os outros têm medo delas ❏
b) ocupam muito espaço e causam um impacto natural ❏
c) conseguem ver por cima da cabeça de todo o mundo ❏
d) conseguem caminhar mais rápido do que qualquer um ❏

SÁBADO

Poder pessoal

Quase cumprimos um círculo inteiro agora. Portanto, para fechar nossa aprendizagem da semana, discutiremos o poder pessoal – como conquistá-lo, como mantê-lo e como ter êxito com ele.

No sentido em que o estamos usando, o poder pessoal está correlacionado com confiança e clareza de metas. Trata-se de acreditar no que você quer e ir em busca disso. Para aqueles que não são naturalmente abençoados com o poder pessoal, é uma qualidade pela qual vale a pena se esforçar, e requer empenho para adquirir. No entanto, com consciência e dedicação, esse prêmio pode ser ganho e usado para incrementar nossas vidas e nossos êxitos.

O interessante em relação ao poder pessoal é que você não precisa de ter nascido com alguma vantagem em particular para tê-lo. Ele não depende de seu aspecto, seu tamanho, sua inteligência, sua saúde ou seus talentos. Algumas dessas características podem ajudar, mas a boa notícia é que qualquer um pode adquirir poder pessoal.

A maioria, ou todas, das seguintes qualidades é encontrada nas pessoas poderosas:

- clareza de visão;
- valores e crenças bem definidos;
- confiança;
- comunicação poderosa;
- uma habilidade para construir relações.

O poder permanece somente com aqueles que o respeitam. Pode haver um ganho de curto prazo para os que conquistam poder por meio de truques de confiança, mas é inevitável que sua queda será em proporção direta à "trapaça".

Vamos pegar cada elemento do poder pessoal e examiná-lo separadamente.

Clareza de visão

É essencial criar uma estrutura na qual você pode firmar seu poder. Só quando você sabe para onde está indo e está 100% empenhado em chegar lá consegue planejar o caminho adiante para o seu êxito. Não importa qual via você tome, ou se muda a rota de vez em quando, desde que mantenha o foco no objetivo.

Identificar primeiro a meta de fato requer visão. Assim que você a tem, e isso habitualmente é adquirido por meio de autoconhecimento, o resto se ajustará no lugar.

Se você tem dificuldade em estabelecer sua meta principal, comece com uma série de pequenas metas. Essas, em breve, formarão um padrão que o conduzirá a um entendimento daquilo que você deseja alcançar. Pergunte a si mesmo onde gostaria de estar dentro de 10, 20 ou 50 anos. Manter seu curso e direção atuais é suficiente para lhe satisfazer a longo prazo? Não fique preocupado se sua meta é extraordinariamente ambiciosa. Todos aqueles que foram bem-sucedidos começaram com "sonhos impossíveis". Tampouco se envergonhe se seu objetivo não for particularmente ambicioso. Isso significa que você está indo extremamente bem ao encontro de suas necessidades e o coloca à frente com grandes vantagens.

Os visionários dão os passos seguintes para criar uma estrutura sobre a qual possam construir seu sucesso. Eles:

- identificam metas pessoais;
- veem claramente suas metas e imaginam como alcançá-las;
- comprometem-se a alcançá-las dentro de determinado prazo;
- agem como se suas metas já tivessem sido alcançadas.

Se você não puser um tempo-limite para alcançar suas metas, sempre pensará nelas no futuro. Agir como se já tivesse alcançado suas metas ajudará a trazê-las para o presente.

Teste esses passos por você mesmo. Comece por baixo para ganhar confiança no processo.

Valores e crenças bem definidos

Saiba o que você valoriza e em que acredita. Isso é realmente muito mais difícil do que parece, porque valores e crenças podem mudar com o tempo, em especial se suas circunstâncias mudam dramaticamente por uma razão ou outra. Pesquise fundo, porém; crenças e valores sustentam todos os seus comportamentos.

No processo de conhecer seus valores e suas crenças, você terá de se colocar determinadas questões. Por exemplo, que preço você está disposto a pagar pelo seu sucesso...

- **pessoalmente?** – relacionamentos íntimos (companheiros, família, amigos).
- **eticamente?** – o que você considera certo ou errado, o que você precisa fazer para se sentir bem consigo mesmo.
- **profissionalmente?** – progressão na carreira, promoção.
- **politicamente?** – estar no lugar certo na hora certa.

Se você fizer a uma pessoa bem-sucedida a pergunta: "Que preço você está disposto a pagar pelo seu sucesso?", frequentemente ela terá uma resposta clara e bem pensada, que é a certa para ela. Ela está absolutamente confortável vivendo dentro da estrutura de seus valores e suas crenças. Qualquer conflito – e se desenvolverão conflitos de tempos em tempos à medida que muda o equilíbrio de sua vida – será encarado à luz desse conjunto de valores.

Confiança

Aqui, voltamos ao básico da assertividade bem-sucedida. Respeite e honre a si mesmo. Você vale tanto quanto qualquer outra pessoa.

O valor próprio é o precursor para a construção da confiança. Se você acredita em si mesmo, outros também o farão.

A verdadeira confiança permite que você lide bem com qualquer situação. Mesmo em situações com as quais ainda não se deparou, você será capaz de tirar proveito de sua experiência e extrapolar de seu comportamento passado para satisfazer as necessidades do momento.

Uma súbita falta de confiança pode petrificar e paralisar a mente, e desapareceem todos os mecanismos para lidar com a questão. Essa rápida evacuação de tudo o que você aprendeu minará suas tentativas de aumentar a confiança e pôr-se de novo em forma. Portanto, seja gentil com você mesmo; saiba que essas coisas acontecem com todo mundo e que você ainda é um indivíduo de valor. Perdoe o que considera como erros e siga adiante.

Quanto mais você pratica o comportamento assertivo, menos frequentes serão as súbitas perdas de confiança. Da mesma forma, ocorrerá com suas metas (ganhar confiança pode ser uma delas, claro), tente acreditar que você já foi bem-sucedido e aja dessa maneira. Em breve, isso se tornará uma realidade.

Comunicação poderosa

Pessoas poderosas muitas vezes são excelentes comunicadoras. Suas perícias de comunicação são caracterizadas por um típico comportamento assertivo.

Não basta ter uma visão. A única maneira de uma visão se tornar realidade é por meio da motivação de outros para desempenharem seu papel, e o único modo de motivar é comunicar. Apenas em casos muito raros as visões são atualizadas num vácuo; em geral, elas dependem de alguém, ou de muitas pessoas, cooperando de alguma maneira.

Poucos de nós são oradores naturais, mas podemos aprender com aqueles que o são. Aqui estão algumas qualidades que você pode aprender para desenvolver em si mesmo.

- **Visão** – lembre-se do discurso de Martin Luther King: "Eu tenho um sonho...".
- **Crença** – em seu propósito, sua própria habilidade e a capacidade de sua equipe.
- **Observação aguda** – escutar, ver, sentir.
- Capacidade de desenvolver **empatia**.
- Capacidade de avaliar a **disposição do momento** e responder apropriadamente (flexibilidade/intuição).
- Um senso de *timing* e **teatro**.

Os comunicadores poderosos encaram suas aparições em público como desempenhos teatrais. Eles criam um impacto, fomentam a tensão, emocionam sua audiência e a deixam em "êxtase".

Uma habilidade para construir relacionamentos

Muitas vezes é difícil construir e manter relacionamentos no melhor dos tempos, em especial quando são motivados pelo ambiente de trabalho. Não obstante, essa habilidade é crucial se você deseja subir até o topo.

Não há fórmula mágica para desenvolver bons relacionamentos, e eles podem ser selados com uma variedade de estilos – amigáveis, nutrientes, respeitosos, misteriosos, controladores, agressivos etc. Tente identificar seu próprio estilo e verifique a impressão que você causa nos seus colegas.

Os relacionamentos profissionais podem ser problemáticos porque têm de ser desenvolvidos com pessoas que nos são impostas, que não foram escolhidas por nós. De fato, poderíamos evitar ativamente alguns dos nossos colegas fora do nosso ambiente de trabalho. Construir bons relacionamentos, portanto, exige paciência, determinação e habilidade de se afastar e ver as coisas por uma perspectiva diferente.

A maioria das pessoas não tenta ser ruim ou difícil. Se esse é o comportamento que elas exibem, comumente isso indica que elas detêm uma crença que está sendo desafiada. Se você, como administrador, se deparar com esse comportamento, pode precisar gastar algum tempo mergulhando abaixo da superfície para entender o problema. Cuidado, porém; você não pode simplesmente deixar-se levar, e talvez descubra algumas verdades desagradáveis sobre você mesmo no processo.

Muito pode ser feito para manter relacionamentos remotamente (por telefone, carta, *e-mail* etc.), mas, primeiro, você tem de conhecer e entender as pessoas que trabalham com você. Isso dá certo quando a pressão não existe ou em momentos em que vocês se socializam. Há uma linha estreita a cruzar entre estar muito envolvido e estar longe demais. Você terá de determinar o melhor equilíbrio para você mesmo, mas lembre-se de que os detentores do poder são muitas vezes caracterizados por certa dose de mística.

Resumo

Neste capítulo, abordamos brevemente as características dominantes do poder pessoal. Você pode querer ter *feedback* sobre a imagem que passa. Às vezes, cometemos o erro de acreditar que os outros têm uma crença sobre nós igual à nossa – seja positiva, seja negativa. Podemos pensar que eles não veem nossa falta de poder pessoal porque costumamos escondê-la. Ou podemos pensar que eles interpretam nosso estilo excessivamente dominador como poderoso. Vale a pena obter *feedback* de uma fonte confiável de modo que você saiba qual é o seu ponto de partida. Pode ser doloroso (ou não!), mas é realmente valioso ter clareza suficiente em termos de como você é visto.

Perguntas (respostas no final)

Pense sobre as seguintes questões e use-as para desenvolver seu poder pessoal:

1. O que é o poder pessoal?
a) É a força adquirida com exercícios físicos. ☐
b) É a confiança em saber o que você quer e o que precisa fazer para obtê-lo. ☐
c) É a habilidade de dominar situações. ☐
d) É a habilidade de delegar. ☐

2. O que possuem as pessoas com poder pessoal? Identifique a alternativa a ser removida!
a) Clareza de visão. ☐
b) Valores e crenças. ☐
c) Uma posição elevada na hierarquia de uma organização. ☐
d) Habilidade para criar afinidade. ☐

3. Somos seres orientados para objetivos. Qual é sua meta para o futuro?
a) Dentro de 1 a 5 anos. ☐
b) Dentro de 5 a 10 anos. ☐
c) Para a vida inteira. ☐
d) Não tenho meta. ☐

4. Qual destas afirmações sobre metas é verdadeira?
a) As metas se atravessam no caminho da espontaneidade. ☐
b) As metas são inúteis porque sempre mudam com as circunstâncias. ☐
c) As metas nos ajudam a tomar decisões relevantes e empreender ações certas. ☐
d) As metas estão sempre fora de alcance. ☐

5. Quão fácil é para você articular sua visão?
a) Transporto uma clara visão para mim e consigo descrevê-la facilmente. ☐
b) Tenho uma visão, mas muda tão regularmente, que nem me dou ao trabalho de falar sobre ela. ☐
c) As pessoas tendem a rir da minha visão quando falo dela, achando-a muito fantasiosa. ☐
d) Como não posso controlar os acontecimentos, não tenho uma visão. ☐

6. Se seu estilo de construir relacionamentos fosse assertivo, como deveria parecer?
a) Amigável, mas firme. ❑
b) Político e manipulador. ❑
c) Voluntarioso e autoritário. ❑
d) Facilmente obediente. ❑

7. Se você estivesse envolvido em relações "desafiadoras", qual suposição o ajudaria a voltar aos trilhos?
a) Eles podem sentir-se incompreendidos e avaliados injustamente. ❑
b) Eles podem ser disruptivos e difíceis. ❑
c) Eles podem abrigar um ressentimento contra você sem razão nenhuma. ❑
d) Eles podem estar tentando fazê-lo parecer negativo. ❑

8. Que *feedback* você tem sobre seu quociente de poder pessoal?
a) Frequentemente me dizem que sou agressivo demais. ❑
b) Não recebo *feedback* nem o peço. ❑
c) Pareço usufruir de relacionamentos saudáveis, cooperativos e produtivos, e as pessoas me dizem que gostam de trabalhar comigo. ❑
d) As pessoas dizem que nunca chegarei a lugar nenhum assim tão calado. ❑

9. Se você tivesse de lidar com um conflito em sua equipe, como faria isso com assertividade?
a) Eu diria às partes oponentes para se enxergarem e resolverem o assunto! ❑
b) Incentivaria cada parte a escutar o ponto de vista da outra e chegarem a algum acordo. ❑
c) Tentaria resolver o assunto para eles. ❑
d) Não me envolveria de maneira nenhuma. Não me diz respeito. ❑

10. Até que ponto você está satisfeito com suas habilidades em assertividade?
a) Sou assertivo nas minhas questões com os outros e me sinto confortável quanto a isso. ❑
b) Sou assertivo às vezes, mas preciso praticar mais em situações "difíceis". ❑
c) Não sou particularmente assertivo, mas gostaria de ser. ❑
d) Fico excitado e tendo a dominar as situações. ❑

Sobrevivendo em tempos difíceis

A assertividade, como um modo de comunicação, é uma escolha valiosa sempre que é feita. No entanto, quando se está sobrevivendo em tempos difíceis, é ainda mais importante que você domine a arte de ser assertivo. Estar consciente de suas escolhas e fazê-las assertivamente o coloca na direção de sua própria vida. Isso assegura que você não seja uma "vítima" das suas circunstâncias, mas, em vez disso, seja capaz de ser assertivo em todas as situações e avaliar a forma mais efetiva de comunicação para os resultados que pretende alcançar. A comunicação assertiva também é a pedra angular para construir a autoconfiança e a autoestima – qualidades que o capacitam para avançar com o pé direito e lhe dão a oportunidade de ter êxito, seja qual for o cenário na economia global.

1. Transmita o que quer dizer e diga o que quer transmitir

Não há tempo para ambiguidades quando você precisa assumir o controle e seguir adiante. Se ficar pisando em ovos, dará por si perdendo tempo esclarecendo o que *realmente* quer dizer. É muito melhor ser claro desde o começo. Use essa clareza para informar suas escolhas e, por meio delas, garanta uma posição favorável em meio a um declínio econômico.

2. Acabe com o "poderia" e o "é esperado"!

A maioria de nós tem uma voz autoritária na cabeça dizendo como nos "deveríamos" comportar e o que "é esperado" de nós. No entanto, essas injunções muitas vezes atravessam o caminho dos nossos instintos ou do melhor discernimento, deixando-nos comprometidos com os nossos atos pela metade e sem energia. Tente afastar-se dessas palavras incapacitantes e, em vez disso, use sua discrição e criatividade. O que de pior poderá acontecer? Você até poderá perceber que descobriu uma maneira única de se distinguir!

3. **Aproveite ao máximo os seus "erros"!**

Ter receio de cometer erros é uma barreira comum no caminho para a assertividade. Contudo, às vezes aprendemos muito mais com os nossos erros (e o nosso consequente embaraço!) do que por meio de qualquer outro aprendizado. Se você não se permitir experimentar coisas novas por receio de não darem o resultado que você desejaria, nunca desenvolverá novas capacidades. Portanto, seja ousado, experimente aquelas coisas que nunca fez antes e seja objetivo enquanto usa a experiência para informar sua próxima etapa de desenvolvimento.

4. **Linguagem vencedora cria pessoas vencedoras!**

Há muitas pessoas por aí tentando mostrar-se sob uma luz positiva contra uma cortina de fundo de cenário de contração econômica e escassez de emprego. No entanto, sempre há aquelas que vencem no meio disso. Note como elas falam sobre suas competências e experiências e adotam a mesma linguagem vencedora para convencer os empregadores de que elas se destacam no meio da competição. Se transmitir convicção em você mesmo por meio da sua linguagem, os outros também acreditarão!

5. **Seja "cada vez mais curioso"!**

Muitas pessoas acham difícil escutar bem; no entanto, escutar é a porta para adquirir informação e construir relações – duas capacidades que facilitam a estrada para o sucesso. Ao decidir "ser curioso", você naturalmente fará perguntas que suscitem novas informações e, porque está sendo "curioso", escutará melhor e será capaz de se lembrar de detalhes mais eficientemente. Além disso, estará aberto a opções e alternativas que, caso contrário, deixaria de fora da gama de possibilidades que estão à sua disposição. Nesses tempos hostis, você pode descobrir que há algo novo a fazer que lhe dará uma vantagem excepcional.

6. Deixe seu corpo participar da conversa

Seu corpo é o canal mais poderoso para a comunicação assertiva. Ao estar consciente das mensagens que está transmitindo por intermédio do seu corpo, você pode convidá-lo a participar da conversa e aumentar o impacto da sua mensagem. Caminhe de modo ereto. Sente-se orgulhosamente. Use gestos de modo elegante para reforçar sua mensagem e veja quão bem está sendo recebido observando a reação física dos outros. Lembre--se, porém, de adaptar isso ao contexto da situação. Pode haver outras razões além da autoproteção que expliquem por que as pessoas estão de braços cruzados!

7. Diga-lhes o que você pensa!

Dar *feedback* é uma maneira útil de chamar a atenção para o comportamento dos outros e o impacto dele sobre você. Às vezes, as pessoas não estão conscientes do que estão fazendo ou de como estão sendo percebidas. Em vez de deixar as coisas correrem à toa, vale a pena partilhar suas observações e reações, de modo que elas possam decidir fazer algo diferente ou não. Dar *feedback* também é uma excelente forma de expor o comportamento passivo/agressivo, pois as pessoas que usam essa forma de comunicação são compelidas a assumir a responsabilidade por ela.

8. Simplesmente diga "Não!"

As pessoas que não desenvolveram suas habilidades assertivas tendem a ser "pisadas" por aqueles que fazem uso da sua capacidade de dizer "Não!". Com receio de serem criticados ou rejeitados, os tipos não assertivos tendem a aquiescer aos pedidos dos outros. Infelizmente, acabam recebendo mais do que a sua cota justa de tarefas e responsabilidades, enquanto seus capatazes ficam curtindo o tempo livre que foi gerado para eles. É importante dizer "Não!" àquelas coisas que não lhe dizem respeito. Não peça desculpas. Não dê justificativas. Isso somente resultaria em invectivas de argumentos persuasivos. Simplesmente diga "Não!".

9. Os primeiros sete segundos

As pessoas são muito rápidas a formar opiniões sobre nós. Elas fazem isso porque, nos primeiríssimos segundos, têm de concluir se somos amigos ou adversários. Todos nós estamos fortemente condicionados a fazer isso porque, na era dos humanos primitivos, essa capacidade rápida como um raio era uma questão de vida ou morte. Embora o grau de ameaças que hoje enfrentamos não seja igual ao mamute peludo de outrora, ainda fazemos isso. É um eco do passado. O que ele significa, no entanto, é que temos apenas sete segundos para criar a primeira impressão. Decida então como quer que ela seja e se assegure de estar preparado para formatar seu impacto.

10. Veja-se tendo êxito

A visualização é uma maneira poderosa de pôr uma imagem no seu subconsciente e programar sua atividade. Quanto mais clara for a imagem, mais estará seu subconsciente condicionado ao propósito de manifestá-la. De fato, ele trabalhará intensamente, buscando toda oportunidade para trazê-la à realidade. Ele fará isso reconhecendo e colocando-o nas situações "certas". Ele também fará isso incentivando os comportamentos e as decisões "certos". Crie uma imagem vívida e detalhada de você mesmo sendo bem-sucedido. Experimente colori-la com vivacidade e sinta-a nos ossos. Mantenha-a no foco de sua mente até que se torne sua experiência na vida real. Depois, usufrua dela!

Conclusão

De onde quer que você esteja começando, tendo percorrido seu caminho por meio das lições da semana, agora você deverá ter as ferramentas básicas para ir em frente como um profissional bem-sucedido e assertivo.

A assertividade com êxito, em última instância, se reduz a três pontos principais:

1. **Entenda-se** (valores, crenças, razões e origens de sua natureza).
2. **Conheça-se** (necessidades, predisposições, ambições, desejos).
3. **Valorize-se** (confiança, direitos).

A partir de agora, você estará bem posicionado para fazer suas próprias escolhas – sobre como quer ser visto, como planejar sua carreira e como criar e gerenciar sua imagem.

Boa sorte, e usufrua da sua assertividade!

Respostas

Domingo: *respostas individuais.*
Segunda-feira: 1a; 2c; 3d; 4c; 5c; 6c; 7c; 8a; 9d; 10d
Terça-feira: 1d; 2d; 3d; 4d; 5d; 6c; 7b; 8c; 9c; 10c.
Quarta-feira: 1b; 2d; 3c; 4c; 5c; 6c; 7c; 8b; 9c; 10d.
Quinta-feira: 1d; 2d; 3c; 4d; 5d; 6b; 7c; 8d; 9d; 10d.
Sexta-feira: 1d; 2c; 3c; 4b; 5b; 6b; 7b; 8b; 9b; 10b.
Sábado: 1b; 2c; 3 *resposta individual*; 4c; 5 *resposta individual*; 6a; 7a; 8 *resposta individual*; 9b; 10 *resposta individual.*

SAIBA MAIS, DÊ SUA OPINIÃO:

www.editorafigurati.com.br

/editorafigurati

@editorafigurati

figurati